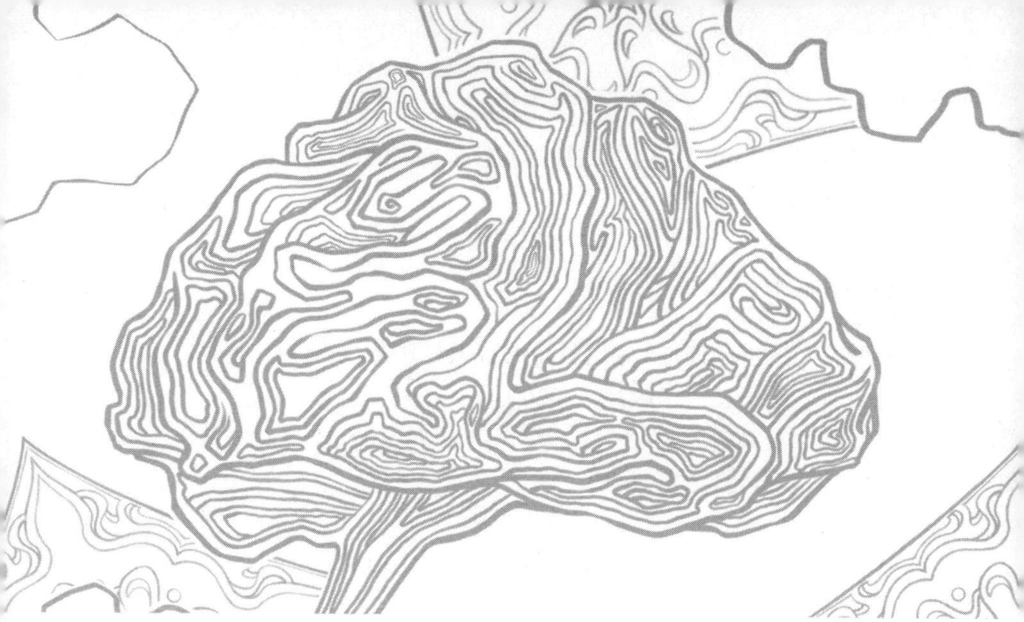

他山之石系列

硬核父母的五项修炼

家庭教育的常识与真相

曹廷珲　著

電子工業出版社
Publishing House of Electronics Industry
北京・BEIJING

图书在版编目(CIP)数据

硬核父母的五项修炼：家庭教育的常识与真相 / 曹廷珲著.
—北京：电子工业出版社，2020.1
（他山之石系列）
ISBN 978-7-121-37477-7

Ⅰ.①硬…　Ⅱ.①曹…　Ⅲ.①家庭教育—通俗读物　Ⅳ.①G78-49

中国版本图书馆CIP数据核字（2019）第209182号

责任编辑：潘　炜
印　　刷：三河市鑫金马印装有限公司
装　　订：三河市鑫金马印装有限公司
出版发行：电子工业出版社
北京市海淀区万寿路173信箱　邮编：100036
开　　本：880×1230　1/32　印张：10.125　字数：227千字
版　　次：2020年1月第1版
印　　次：2022年4月第4次印刷
定　　价：58.00元

凡所购买电子工业出版社图书有缺损问题，请向购买书店调换。若书店售缺，请与本社发行部联系，联系及邮购电话：（010）88254888，88258888。

质量投诉请发邮件至zlts@phei.com.cn，盗版侵权举报请发邮件至dbqq@phei.com.cn。

本书咨询联系方式：（010）88254210。influence@phei.com.cn，微信号：yingxianglibook。

目　录

序 言

要远离焦虑，就做硬核父母

中国人民大学心理研究所所长　俞国良

AI 时代到来，社会处于转型期，人们正面临着生存压力和情绪焦虑。为人父母，我们体恤到生活的不易，都希望孩子拥有美好的未来，所以对孩子的教育问题也变成了压力的来源之一。AI 时代的教育理念与方法也正面临着巨大的变革，未来型人才一定不是“一”字型人才，知识博而薄，也不是“1”字型人才，知识深而窄，而是“十”字型人才，知识与专业相互交融，能够在交点上创新。

家庭作为孩子的第一所学校，又该如何更新理念和方法，培养出适应时代需求的未来型人才呢？也许 AI 可以帮助我们解决高难度的逻辑运算、大信息量的学习记忆，但它无法替代我们去感受、去处理情绪、去体验意义与价值感。我们生而为人，何以为人？这不是知识信息逻辑计算可以解决的问题。有人说当一个人把在学校学到的知识忘掉，剩下的才是教育。真正的教育一定不是教会孩子知识，而是教给他们生存与学习的能力，比如培养良好的社交能力、健全的人格和健康的身心，从而形成稳定成熟的人格与心智。所以，时代在飞速前进，父母们要与时俱进。家庭教育是双向交流、互相影响的过程，愿我们都能更新自己的心智模式，注重与孩子进行积极有效的沟通，建设良好的亲子关系，成为多核更硬核的养育者及教育者。

本书作者及其团队十几年间专注于家庭教育领域的研究及实践，其所提供的清晰的理论框架、丰富的案例分析与实操示范等，符合学习规律的内容设计，符合 AI 时代的读者的学习与认知规律，有助于读者树立养育的信心和正能量。本书也将从多个维度帮助读者应对并化解教养焦虑，把你逐步锻造成为 AI 时代的硬核父母。

引　言

硬核父母需要修炼“智仁勇行”

我们处于一个信息过剩的时代，各种不确定性接踵而至，于是我们倍感焦虑。那么，怎样守护安全感呢？当财富和名利都无法惠及子孙之时，我们才发现教育才是根本之道。教育的原点是家庭，家庭教育的方式、父母的教育理念都在深刻地影响着孩子的长久人生，无论是他们当下的学习考试、性格习惯，还是未来的人格塑造和职业成就。正因为人们越来越明白家庭教育之重要，所以存在着较大压力的父母们变得更加忧心忡忡了。作为从事家庭教育 20 年的教育工作者，我深切地体会到为人父母的不易，一直致力于帮助广大家庭找到更科学有效、更具体实用的教育理念及方法。我们试图从现代科学与传统文化的双重视野，去探索教育的真相并寻找必要的解决方案。

让我们首先回望历史，从传统文化中寻找教育的智慧。“至圣先师”孔子非常推崇“智仁勇”，这三种品德在先秦典籍中就已经有记载。孔子承接了三代文明，总结了“智仁勇”这三种道德品格：智仁勇三者，天下之达德也；君子道者三，我无能焉：仁者不忧，智者不惑，勇者不惧。孔子所创立的儒家人格修养论，对整个中国乃至东亚等地区的历史都产生了巨大的影响。在当今社会，这些品德仍然具有重要的现实意义。面对人与自然、社群、天道、人心诸种复杂关系的调节，在人的安身立命、精神归属等方面，孔子的君子人格修养论一直都是我们宝贵的资源，也是我们永远也挖掘不尽的思想的富矿！

除了“智仁勇”的概念，我们引入“行”这个同等重要的维度。“行”是当今社会十分重要的个人素养之一，对于培养未来的人才非常关键。大儒王阳明最早提出“知行合一”，他认为，首先“知”中有“行”，“行”中有“知”，“知行”是一回事，不能分为两截；其次，以“知”为“行”，“知”决定“行”，知是行的主意，行是知的工夫，知是行之始，行是知之成。古希腊哲学家德谟克利特曾说：“智慧生出三种果实：善于思想，善于说话，善于行动。”“行”是我们将所思所想所悟呈现出来的途径，是我们的内在精神转化为外部客观世界结果的手段。

家庭教育作为“人之初”最重要的教育，需要有深刻的价值支撑，并为其引导正确的方向。孔子提出的“三达德”等人格修养标准，放在任何时代都非常适合作为人的发展目标。所以，今天的立德树人，就成为了教育思想的主旋律。

家长作为孩子的第一任老师，自身的品德修养对孩子有着潜移默化的影响。家庭教育不仅仅是家长赋予孩子的教育，同时也是家长对自身不断完善之过程。教育是双向的，孔子在“教”的同时，也一直用“行”践行着“三达德”，并将其作为教育的引领和榜样。

回顾传统文化的教育精髓后，再放眼于西方的现代心理学，我们不难发现，现代心理学的“知情意”与我们传统文化的“智仁勇”相呼应。作为人的三种基本心理活动，“知情意”分别映射了三种基本的客观事物，即事实关系、价值关系和行为关系，其结果直接导致人的行为活动。“知”是认知，对应“智”，是对行为目的和结果的认识，即知道怎么做及做的目的。认知是人对作用于人的感觉器官的外界事物进行信息加工的过程，是行为的前提。“情”是情感，对应“仁”，是对行为及行为环境、行为条件的态度体验，即行为的心理环境。情感是人对社会思想和行为进行价值判断引起的情感体验，行为总是伴随着情感。“情”是要培养积极的思想情感，通过实践经验或运用榜样的力量，激发情感转化为坚定的信念，从而以信念作为支撑来解决困难。“意”是意志，对应“勇”，是对行为的意图（决定）与对行为遇到困难时的态度（决心），即决定做与决心做。坚强的意志是不可战胜的力量，意志是人在强大的信念支持下自觉克服困难的心理过程，是精神、信念的动力之源。意志是成才的重要保障，也是成才的一个必要条件。贝多芬说：“卓越的人的一大优点是在不利与艰难的遭遇里百折不挠。”一个人具有坚强的意志，做事情就不会半途而废，而是会自觉地选择适当的方法来克服困难，直到实现目标。“行”是行动，指的是结合实际，在实践中加深所学。行为是认知、情感、意志的外在表现，如果“知情意”分别为三条桌子腿，“行”就是那个更为我们所一目了然的桌子面。“知行合一”便是我们看到的这个桌子的整体，而人格的健康、个人的能力和水平，大概就是这张桌子的实用性、耐久性的体现了。

长期以来，无论是教育理论工作者，还是教育实践工作者，往往把培养学生的“知情意行”作为德育过程中所特有的规律。事实上，培养学生的“知情意行”并非是德育过程中所特有的规律，而是整个教育过程中所具有的一般和普遍性的规律。“知”，是学生对客观世界以及主观世界的感知和理解，这是学生全面发展的认识基础。“五育”中的任何“一育”都离不开知识的传授，离不开学生对主客观世界的认知；每一个过程的实施，都是通过引导学生掌握一定的知识，进而以培养学生的认知能力为基础和前提的。“情”，是学生对事物的爱憎好恶的态度。它一般是在认识基础上形成的，是学生发展的内驱力，是一种巨大的精神力量。学生是一个有血有肉的活生生的人，更是一个具有主体性特征的能动的人。离开了学生的积极的情绪体验和情感，教育都不可能取得良好的效果。“意”，是学生为了达到一定的目的而形成的自觉能动性，它常表现为意志活动，即在行为上为实现个人确定的目的而严格约束自己，并能够克服种种困难。“意”也是一种巨大的精神力量，能使人排除各种干扰和障碍，使决定采取的行为能够顽强地坚持下去。“行”，是在一定的认识的基础上，并在一定的情感支配下，学生所进行的改造客观世界和主观世界的行动。从某种程度上讲，“意”是一个人发展水平的重要标志。

我们基于“智仁勇行”的教育理念，受启发于中国传统教育观与西方心理学理论的一致性，但“智仁勇行”的表述方式又包含了博大精深的中国传统文化的内涵，更能浸透到中国人的精神结构之中。而本书的主题就是遵循“知情意行”的教育心理模式设计，通过帮助家长提升对儿童发展规律、亲子关系等方面的认识和理解，从而建立起一定的教育认知基础。在进一步的文字呈现的过程中，能够自然引导家长的情感体验，让我们真正回归到爱的本质，感受教育的真谛，也只有这样才可能激发出孩子的内在自主性以及强劲持久的成长动力。在教育实践中，家长会遇到林林总总的困难和挫折，面对着形形色色的压力和痛苦。通过不断强化家长的信念并为之提供有效的方法，使家长在教育过程中的意志越来越坚定、行动越来越自信，也越来越能够让家庭关系和谐稳固，对孩子的成长更能践行更积极更丰富的教育。让我们携本书与广大的家庭一起，成就“智仁勇行”的教育之道，教出“智仁勇行”兼具的少年一代，创造家庭与社会美好的未来。

第一章

编织过硬的亲子关系网

孩童时代，如花似梦，懵懵懂懂，爸爸妈妈就是他们的整个世界。孩子所接触到的来自家庭的所有亲密关系，直接影响甚至决定了他将来和世界的关系。因此，父母和孩子交往互动所形成的心智模式直接决定了孩子将来与“社会人”之间的关系，如与上下级、左右邻、一生伴、前后友的关系等。这其中的对于家庭关系的处理，不是一种方法，也不是一个技巧，而是一种教育的观念和策略。

日久天长，我们可能会学到很多的教育方法，但是亲子关系模式如果出现了问题，你会发现很多对别人很有效的方法对你却不管用。对于妈妈们来说，如果儿子和爸爸的关系出现了问题，那妈妈付出的诸多努力或许是在做“无用功”。因此，每一类亲子关系，都需要爸爸和妈妈共同来参与和了解，夫妻同心，其利断金。为此，作为硬核家长，我们就可以更加准确地了解男孩和女孩的需要，同时，我们也可以更加深入地解读自己家庭的独特的教养密码。

父子关系：造就坚毅果敢的男孩

一、中国式严父进化论

中国式严父

说到父与子的关系，你的头脑中会有一些什么想象呢？你会想到漫画《父与子》中幽默、慈爱，有时却又变得严厉的那个胖胖的父亲吗？还是会想到《美好人生》中集中营里那位积极乐观成为始终照亮孩子人生那道光的伟大的父亲？抑或是想到家中传统和强势的严父："偶尔相对愁沽酒""一对沉默寡言人"……

在《星空演讲》里，曾听到影星刘烨谈起父子关系的故事，我感觉很有意思！一档亲子节目，给我们展现了各式各样的爸爸的形象，令人印象深刻。在节目中，刘烨用平实的语言讲述了父亲和他、他和儿子的故事。刘烨的父亲是一个标准的传统型严父，整天话很少，平日非常忙。刘烨自小比较调皮，以致经常挨父亲打。父亲每次打刘烨，都整得很有"仪式感"。父亲先要把刘烨的妈妈和姐姐撵出门外，并且郑重地告诫她们：无论听到家里面有任何哭叫，都不能进来干涉。同时，刘烨必须“主动”脱掉裤子，等候着打屁股，每次都被父亲打得痛彻心扉。回忆起当时的情景，相对于挨打时的哭嚎，刘烨觉得挨打之前的那种“仪式感”，反而更让人胆战心惊……

刘烨婚后，他和老婆安娜有了一个可爱的儿子，取名诺一。夫妻两个人商量：怎样教育小家伙呢？刘烨说自己小时候就是被打出来的，所以对待诺一也要如此这般……打是亲，骂是爱，“棍棒底下出孝子”？安娜坚决予以反对，并且强调“打”会严重伤害孩子的自尊，在家里被打了的孩子，会下意识地觉得自己“不好”，他出去与小朋友玩耍时也往往会抬不起头来……一年的春节，小诺一说话“严重”顶撞了爷爷，刘烨欲“收拾”儿子，但因为大过年的就忍了下来。第二天，诺一又把从法国来的外婆“惹”得相当“伤心”。刘烨“恼”了，郑重其事地把小诺一叫过来训话：“我从来没有打过你，但这次不打不行了。你昨天顶撞了爷爷，今天又把外婆惹伤心了，我得打你一下了，你把手伸出来吧！”刘烨说明只打一下，以示惩戒！同时寻思着：这一下也不能打轻了……他拿着安娜的一把大梳子，在小家伙的小手心上“狠狠”地刮了一下，小诺一并没有哭，反而表现得非常平静！刘烨有点儿诧异，想着是不是打得太轻了……他让诺一出门去玩，自己则按照刚才的那种力道在自己的手心上也来了一下，刘烨感觉确实很痛，同时也对于诺一当时的反应“浮想联翩”……

对待小孩子成长过程中的“瑕疵”或“顽疾”，我们反对拳脚相向、棍棒交加，同时我们也排斥过度溺爱、横加保护！天下的父母“恨铁不成钢”，打孩子是很难避免的，我们提倡刘烨的这种“打法”。不在于打的过程如何惨烈，更不在于让孩子为此铭记在心，而是要让孩子知道为什么挨打，并且记住这次“事件”的全过程，让孩子把爸爸的这种教导的“仪式感”镌刻在心中。如果能做到这点，孩子也是“值得”打的！

刘烨——一个由传统严父“驯化”出来的儿子，却通过自己的经历与“感知”，也通过“洋媳妇”的“谏言”和同化，能够醍醐灌顶，更能够与时俱进，使得自己成长为一个合格的父亲。这个父亲，既有对孩子必不可少的严厉，又有对孩子宝贵的尊重和理解，善莫大焉，幸甚至哉！

父亲的功能

20 世纪末，美国政府和许多民间团体一起致力于转变“父亲危机”，并且为此做了很多努力。2006 年，美国政府出台法律，提出每年要用 1.5 亿美元专门用于支持“健康婚姻和负责的父亲”。

父亲是一种“程序”，也是符号认同系统最早的“程序”。一般来说，“父亲”身份的认同，包括 5 个“成分”：供养、护佑、规训、传道、胜利。父亲要做到这 5 个方面：

1. 能赚很多钱，同时能有很多时间陪太太和孩子（供养功能）；

2. 能保护太太和孩子，免受天灾、人祸的侵扰（护佑功能）；

3. 能够设定家庭规则，且维持家庭结构（规训功能）；

4. 能传递给孩子生命的意义和价值（传道功能）；

5. 父亲一定要比其他男人强大有力，至少也要比妈妈强，也就是说，父亲必须是个很 man 的男人（胜利功能）。

美国卫生部组织专家编写了一本手册——《父亲在儿童健康发展过程中的重要性》，其中明确定义了父亲功能的 7 个有效方面：

1. 和孩子的母亲培育积极的关系；
2. 花时间陪孩子；
3. 养育孩子；
4. 规训孩子；
5. 引导孩子走向（家庭）以外的世界；
6. 保护和供养；
7. 成为一个孩子的模范。

由上可以看出，“传道功能”被弱化了，而“胜利功能”基本上没有了。然而，被意识形态弱化的这两种功能，可能恰恰是在无意识领域中起到推动作用的功能。

看看“传道功能”吧！现实中，父亲往往给孩子留下一堆钱，这样的父亲是无法给予孩子真正需要的东西的。如果给每个孩子 100 亿美元，比尔 · 盖茨做父亲的分数最多是“50 分”。然而，比尔·盖茨把财富裸捐了！通过这个行为，他传递给孩子一个价值观：生命的意义在于尽情发挥你的才能，然后尽力地回馈社会。正是如此，比尔 · 盖茨作为父亲的功能就“大涨”了。

在一个价值多元的社会，父亲很难传递一套价值观给孩子。况且，很多父亲的父亲在“传道”上也是缺席的。当然，“传道功能”也可以由母亲完成。

“传道”和“供养、护佑、规训”是一致的。“胜利功能”之所以被彻底删除，是因为它的存在构成了父亲这个程序的内在冲突，形成了“父亲悖论”。如果一个现代父亲仍像古代武士一样追求胜利的话，那么他就没有精力来完成其余的“功能”。男人的“妻”与“子”以及这个男人周围的男人，却总是期望他是一个无所不能的“胜利者”。

父与子关系的更多可能

社会上涌现出的“伪娘”“妈宝男”，让我们不得不反思“男孩子”究竟怎么了？这恐怕就是我们的社会和家庭弱化了一个坚强父亲的形象所导致的结果。一个坚强的父亲，不是“高挂一脸秋霜”，也不是因“挣钱第一”的信念而披荆斩棘。

一个父亲应该是什么样子呢？我们的父子关系如何发展才能更有利于孩子的成长、家庭的幸福和社会的进步呢？

二、父子关系模型

山峰模型

在这个模型中，父亲是山，儿子是峰，无论父亲这座山多么高大，都要让孩子成为更高的峰。

如果你想让孩子“后浪推前浪”超越你，就要放下对抗和责备，给孩子依靠，让其充满安全感。你在儿子攀登的过程中，总是喊着：“快点，加油，努力爬上来！”同时又不时地嘲笑孩子向上的局促和趔趄，甚至责怪其“爬”了太多的弯路。你是孩子超越的第一个目标，你责无旁贷地要告诉其超越你的方法，并且要引导孩子走在通向山顶的正确的山路上。两点之间直线最短，但是往往需要通过曲线才能到达目的地。迂回曲折的过程，就是百折不挠的过程，就是孩子成长的过程，这个过程曲曲弯弯、深深浅浅，但是始终向上、向前。

同时，放下你的“臭架子”，要让孩子看到你的普通和不足，你千万不要展示自己是一个“无所不能”的父亲。只有这样，儿子对于父亲的“敌意”或“隔热层”才会慢慢消除，他才会认同你、接受你，并且感受到你和他真是“一艘船上的”。如果你再能够经常表达出对孩子的需要和期望，孩子会通过超越“平易近人”的父亲而获得莫大的成就感，他的自尊心也得到了维护和增强，从而实现“双脚踏上幸福路、日子越过心越甜”！他的信心越来越足，他的动力越来越强，作为父亲的你，岂不乐哉！

对于这部分的理解，有一个情景可以在我们脑海中定格或“诠释”：

机场边，父亲带着小儿子观看飞机起落。父亲把儿子扛在肩上，儿子张开双臂欢呼：“我是世界的主人”！飞机轰鸣，呼啸前行，孩子被吓哭了。爸爸立刻把孩子紧紧揽在怀里："不要怕，爸爸会保护你，没事的！"一个理想的父亲，既能举得起孩子，让他看见更高远的风景，同时又可以在他受到挫伤或者惊吓时，及时地给予他恰当的安慰、关怀和保护。

战友模型

父亲对于儿子，不仅要用山峰的关系在精神上撑起灵魂的高度，还要像将军一样带领孩子行动，让孩子在"父子齐上阵"的历练中，完成一个男孩到男人的蜕变。简而言之，就是以身作则，陪伴孩子一起成长。在陪伴儿子成长的过程中，父亲把儿子从与母亲的依恋共生中拉出来，把他带到"外面的世界"，让他进入到社会的规则中。儿子会认同、内化父亲的价值观，并逐渐形成他自己的"超我"，"建设"起一套"自我"对待世界的规则与态度。

所谓"上阵父子兵"，《重返地球》正是威尔·史密斯带着儿子共同出演的一部电影。电影算不上经典，但是这对父子成长的主题却让人印象非常深刻。父亲是英雄舰队的队长，儿子却被舰队"淘汰"了。于是，父亲的权威和儿子的叛逆好像成了一对不可调和的矛盾。在后来一次危险的任务中，父亲受伤了，怎么办？在紧急关头，父亲给予了儿子足够的信任与指导，儿子最终成功地完成了任务，从而拯救了地球、拯救了父亲，也实现了自我的救赎和飞跃。儿子"逆袭"成功，得到了大家的认可，更让重伤得救的父亲挣扎着站起来向儿子敬了一个郑重的军礼。以这样一个仪式化的动作，一个父亲完成了对儿子最高的认可和嘉奖。

挤出闲暇时光，走向户外。父亲和儿子可以一起去登山、踢球，共同出现在一些集体活动中，孩子不仅会自然地感受到父亲的爱护和重视，也会从父亲身上汲取示范或榜样的力量。

当孩子面对挫折时，父亲要做孩子的支持者和鼓励者。比如，这学期的期中考试，孩子成绩不理想，父亲可以这样对孩子讲："这次失利，你要负主要责任，爸爸也难辞其咎，因为我没有花足够的时间来监督你、陪伴你和辅导你。但是我相信我儿子的学习能力，我们俩一定能分析透没考好的症结所在，让我们共同努力吧！"这样的语言背后，不仅传递了父亲的"心声"，还为孩子树立了勇于承担责任的榜样。孩子学会了如何去面对失败，并且会逐渐养成主动解决问题的习惯。能够和孩子"站"在一起，就是最好的教育了！

对于父亲的现实缺席或"功能"缺失，"传道功能"也可以由母亲完成。母亲可以兼具父亲的特质与功能，或者可以为孩子塑造一个想象中坚强的父亲形象。如《阿甘正传》中，阿甘的成功就是如此！电影《阳光灿烂的日子》里，父亲也是缺席的，但他是个胜利的军人，仅凭这一点，这个父亲就赢得了孩子的尊敬与认同。因此，对于父亲的现实缺席或"功能"缺失，我们不妨通过帮助孩子塑造一个英雄的、榜样的父亲形象，来帮助孩子完成对于父亲认同的成长的需要。

三、总结

本章我们探讨了父与子的关系，从中国式的严父看待我们当代的进化的父子关系模式，以及父与子的山峰模型与战友模型。当然，我们也更期望大家能发展出属于自己家庭的基于相互尊重并兼具父亲的基本功能的个性化模型，也许您也可以把您的父子故事分享给我们。

电影《乘风破浪》以穿越时空的奇迹，让阿浪父子给我们示范了一条“父子和解”之路。虽然我们不能奢望通过这种契机来达成父子之间的“耦合”，但是我们可以自己创造机会，把儿子当做一个平等的人来看待，与他分享自己曾经成长的经历，带他去看看自己长大、读书和工作过的地方，同样也“刻意”地去虚心学习孩子所掌握的新鲜事物。这样的父子，既像朋友，又似兄弟，也是师徒。倘若如此，即使再佝偻和平凡的父亲，也同样可以成为儿子心目中挺拔伟岸的“坐标”。

母子关系：伟大的母爱是得体地退出

一、妈妈不是超人

前一阵子，一档名叫《妈妈是超人》的电视综艺节目，吸引了很多人的眼球。从中，我们得以看到各种不同类型的妈妈的生活状态。节目不可能完全反映出几个家庭的生活，却也塑造出了几种典型的妈妈形象，可供我们来思考。其中，包文婧是个有些无力而逃避的“小女孩型”妈妈（这里面值得一提的是“饺子姥姥”，这是个代表性的“自恋控制型”妈妈，我们且放在母女关系里讨论）；伊能静则引起了“吃瓜”群众的广泛争议，她对孩子的态度太过于紧张和焦虑了。我没有用敏感而用紧张和焦虑来表示，是因为在依恋理论里，“敏感”的妈妈指的是可以与婴儿同调、及时接收婴儿的需求并作出恰当回应的妈妈。不过，伊能静在有些地方做得还是不错的，或许她的情绪化反应与缺少老公的支持有关。其实，我们也能看出米粒爸爸也在努力适应角色的转变，但在内心里还带有很多孩子的“成分”。伊能静一直在家里非常努力地“执行”着母

亲的角色，表现得有些让人心疼，所以我想称伊能静为“圣母型妈妈”。

演员胡可和“鲫鱼”兄弟的表现，普遍被大家认可。胡可算是尊重孩子并收放自如的“平等型”妈妈。胡可因为带小鱼儿体检，耽误了去接安吉。安吉在学校等了四十多分钟，他看着别的小朋友一个个被妈妈接走，很难过。当妈妈带着弟弟赶来时，他没有像以前一样热情地迎上去。妈妈能感受到他的不开心，所以走过去俯下身，跟他一起画画。当安吉把画好的蜗牛送给妈妈时，妈妈趁机说：“你为什么要送一只蜗牛给妈妈？是因为妈妈接你晚了，像蜗牛一样慢，对不对？”安吉露出了微笑，点点头。妈妈赶紧附和说：“对不起！”一个不愉快的小情绪就这样被妈妈温暖地化解了。虽然妈妈接他晚了，但他依然能感受到妈妈的爱和关心。布拉夫曼在《看见孩子，看见自己》一书中写道：“如果孩子觉得对方愿意聆听和理解，那他就能找到自己的方式去表达他的感受。”孩子的自我感受非常需要父母的肯定。只有真实感受被理解、被接纳、被尊重时，孩子才能从根本上解决问题，进而才会产生幸福的存在感。

对比这几种类型的妈妈，您给自己对号入座了吗？或是自己独辟蹊径地“自成一家”呢？不用着急，让我先带你了解母子关系的发展历程与相关理念，这也许会对您协调发展母子关系有所启发。其实，妈妈和婴儿都是非常紧密的早期依恋关系，也同样会面对成长的分离。孩子到了两三岁后，作为妈妈可能就需要考虑用不同的方式教养男孩与女孩了。这一章里，我们先从男孩子的恋母情结来解读妈妈与儿子的关系。

二、母子关系的理论

俄狄浦斯情结

让一个男孩变成男人，让一个女孩变成女人，3至6岁是关键期，这个关键期被称为“俄狄浦斯期”。通俗的说法是：男孩会出现恋母倾向，女孩会出现恋父倾向。

相对女孩子来说，男孩对母亲的亲密依恋更为简单与直接。从婴孩时期对母亲的强烈的需要及渴望，到随着成长中的“自我意识”不断地“觉醒”，他发现母亲并不是属于他一个人的，还属于一个比他更有力量、更具权威的人——他的父亲。弗洛伊德认为，男孩子对父亲有着非常复杂的感情。他本能地嫉妒父亲夺去了母亲的爱，又害怕父亲会发现他的嫉妒而惩罚自己，同时也希望自己可以成长为父亲那般有力量、有魅力的男人，以获得母亲全部的爱。在这种情感的挣扎中，婴孩需要在本能的渴望和对欲望的压制之间取得平衡。此时，作为本我（id）和超我（superego）的协调者的自我（ego），也就开始快速发展起来。

如果男孩能够顺利地度过“俄狄浦斯期”的“纷扰”，他的潜意识愿望将从“我想要妈妈”转化为“我要像爸爸”，像爸爸长大后“娶”一位像妈妈一样的女人。反之，男孩则会在心中种下深深的“情结”，用尽一生去追寻妈妈的“替代品”。很多妈妈并没有注意这些“微妙”的变化，尤其在男孩四到六岁时，妈妈仍然与孩子一起洗澡、在孩子面前换衣服、每天跟孩子一起睡觉……作为妈妈往往觉得孩子还小，不需要注意这些。其实，正是这些“不在意”引发了孩子懵懂的“性幻想”，并在潜意识里潜藏多年，进而发展出不可逆转的心理“情结”。

说到男孩的“性幻想”，也许妈妈们会觉得不适应、不自若了。其实，我们可以把这种“性”一定程度地理解为愉悦满足、亲密融洽等。谈到“性”时，妈妈们大可不必“谈性色变”。若如此，随着儿子的长大，你就和儿子之间变得怪怪的，或者会滋生很多禁忌。当然，我们同样需要了解到母子之间可能发生的微妙的变化，并要尊重及守住彼此心灵的边界。孩子两三岁之后，父母就应该和孩子分床睡了，最好可以给孩子独立的房间，这个对孩子自我意识的发展非常有好处，同样也会有助于男孩子顺利地度过“俄狄浦斯期”，让他知道自己不能独占妈妈、不能睡在父母中间，更不能把母亲从父亲身边带走。当然也有有趣之事，有些男孩子会要求父亲陪自己睡，其实他的潜意识殊无二致，反正就是不能让爸爸和妈妈睡在一起。父母要对儿子关上自己卧室的门，并适时明确告诉他不敲门是不能随便进入的，这对于男孩子来说肯定是一个挫折。被拒之门外，无法“独占”妈妈，他会发脾气、会沮丧，但他也一定可以在父母坚决的态度中适应并成长起来，开始更多地去寻求外部世界里的伙伴关系，开始学习像父亲一样做个男子汉，去吸引和追求外部世界中的女孩子。科胡特把男孩子的这个“插曲”称为“适度的挫折”，这是每个孩子成长中所必经的过程和蜕变。

依恋理论

“分床睡”的问题，可能是继“断奶”之后又一次母子的“残酷”分离，是一次心理上的“断乳”。此后，亲密的母子之间还要面对一系列分离的主题。对于从依恋到分离这一系列的心理变化，依恋理论作了大量的实证研究。比如陌生情景实验就是通过测量婴儿在与母亲分离时的不同表现来考察儿童与母亲的依恋关系。因为人们通常认为幼儿在长到七个月以后，就能够感受到与母亲在一起的快乐。如果母子之间没有建立良好的早期依恋关系，那么这个时候的母子分离就会有不同的表现。爱因斯沃斯根据幼儿的不同表现，将依恋进行了分类：安全型依恋和不安全型依恋，不安全型依恋又分为“焦虑—回避型”不安全依恋和“焦虑—反抗型”不安全依恋。

在鲍尔比的实验中，安全型依恋的婴儿表现为当父母离开房间时变得心烦意乱，但当父亲或母亲返回时，他会主动寻找父母，并很容易在父母的安慰下平静下来；“焦虑—反抗型”的婴儿表现为在与父母分离后变得极为痛苦，而当重新与父母团聚时，往往难以平静下来，并经常出现相互矛盾的行为模式，显示出他既想得到安慰、又想“惩罚”擅离职守的父母的一种状态；与前两者不同，“焦虑—回避型”的婴儿则显得不会因分离而过于痛苦，并在重聚时主动地回避与父母的接触，有时甚至会把自己的注意力进行转移。

婴儿能否发展出健康、安全的依恋模式，取决于主要抚养者

（母亲）对婴儿的焦虑行为如何进行回应。母亲“离开”会引起孩子的哭闹，而母亲如何回应孩子的情绪，就要提到一个重要的词：“敏感”。“敏感”的母亲会很快地识别出孩子的需要，并对孩子的情绪做出标识性的反应。她能够很快地把自己的情绪和孩子的情绪“同调”，甚至更夸大一些地表达，就是说可以把自己变成孩子的“镜子”，并且这个“镜子”会放大问题。孩子可以在妈妈的脸上“照见”自己，并且知道这样的自己是因为妈妈的离开而伤心难过，他也知道这个情绪在妈妈那里是可以被允许、被接受、被安抚的。于是，他就能感觉到自己是好的、这个世界是“安全”的，而这个“安全”是可以预期的，与自己内心的期待是一致的。这个“安全”来自于妈妈的脸、眼神和怀抱……这个男孩子不仅可以感受或倾听到妈妈的爱的叮咛，也更能遵从他自己内心的声音，他将会变得自信和勇敢，从而可以从容地面对未知的挑战与挫折。

在很大程度上，男孩与妈妈之间的互动关系模式会影响未来的亲密关系模式，也就是依恋理论研究的早期依恋与成人依恋的关系。安全型依恋的个体能更多地体验到满足感，能承担各种责任。他有较好的婚恋关系，有较多身体上的接触，有较深的夫妻间的相互依赖。相比安全型依恋，“焦虑—回避型”和“焦虑—反抗型”依恋的成人更难维持一段长期稳定的亲密关系。在生活中我们可能经常会被朋友吐槽：“我男／女朋友太‘作’了，整天翻我的手机，回家晚一点就打电话玩命地催，我受不了了，说分手，对方就跟我要死要活的！”这就是典型的焦虑—反抗型依恋成人的关系模式。还有一类人，对于成人关系抱着一种游戏的态度，其终日周旋于众多异性之间，如果对方提出欲“更进一步”，或者他自己感觉爱上了其中一人，他往往会逃之夭夭……这种亲密关系的模式就是焦虑—回避型依恋。所以，我们可以看出母亲对于孩子的发展有着多么深刻的影响！母亲不够“敏感”而形成了“定势”，很有可能就改变了孩子的人生轨迹。

自恋型母亲

有些妈妈过度关注孩子的成功，渴望孩子在学业、运动、音乐等各方面“全线飘红”。这样的妈妈看重成败，要求孩子一定要赢——不但赢，还要把别人比下去。聊天时，这样的妈妈总要提及：孩子上什么大学、挣多少钱……这往往会让你自愧弗如，突然觉得自己的孩子好像缺失了什么，自恋型的母亲通常有以下三种“特质”：

1. 溺爱——控制，有全能感：我是对的，你都要听我的；
2. 不敏感，缺乏共情，不能回应孩子的情感需求；
3. 诱惑：你听话、取悦我，我就爱你。

自恋型的母亲给予孩子的爱是有条件的，这个条件就是：你要让我高兴。如果你让我很高兴，那么你要风得风、要雨得雨。自恋型的母亲正是用这种“给予”来满足自己控制孩子的愿望：“我会给你，但是给你什么必须听我的”；“我是为了你好，你要听我的，因为我是对的”……这种类型的母亲给予孩子的可能是自己曾经缺失的、想要的，而从来无暇理会孩子需要什么。她的潜意识里会这样想："你没有做到我要你做的事，而我的需求比你的更加重要。"这样的妈妈可以给予孩子非常丰裕的物质满足，但始终无法给予孩子适当的关爱。孩子缺乏的是理解尊重和情感回应，这才是最应该被重视的！

我曾经见过一个高大帅气的男生，他妈妈带着他来到了我的办公室。刚进屋，妈妈亲昵地对儿子说："宝贝，把外衣脱了，屋里热。"我至今都记得，这个个头将近一米八的大男孩当时脸上的忸怩神情以及微微蜷缩的身体……也许他极力想让自己显得小一点或者幼稚一些，以迎迓和配合妈妈的亲密。这个男孩说他自己也根本不清楚自己的人生目标，只是说梦想成为一个歌手。妈妈立即忧心忡忡地接过话来对我说："虽然我很支持他的梦想，可这孩子从小身体就不好，还有咽喉炎，我觉得他不适合做歌手。我只想让他完成学业，最好有稳定的职业。"这位妈妈当着孩子的面继续说："他总是好高骛远，不肯踏踏实实地努力，我甚至都担心他考不上大学，以后做个可怜的'啃老族'。"

上面这个高大帅气的男生，或许就是被网络上唤作的"妈宝男"吧！

这类的男生，年龄不小却还总是围着妈妈转，动不动"我妈妈说……"他们言语幼稚，没有主见和承担。他们始终习惯躲在妈妈的羽翼下，逃避困难和责任，以听妈妈的话为由，不能自主地选择自己的目标和人生。"妈宝男"与"直男癌"，堪称相亲市场中的两大杀手，让女生谈之色变，敬而远之。试想一下，什么家庭容易"培养"出这样的长不大的"乖宝宝"呢？

龙应台曾说成年人锁在自己的惯性思维里，又掌握制订游戏规则的权力，所以太容易自以为是了。“妈宝男”的妈妈们就是这种典型的“成年人”！这也是一群自恋的母亲形象，她们对儿子的爱是对自己的附属品的爱，没有尊重他的独立人格，更没有感受到他真实的感受。她们对孩子的至上价值导向就是“听话、懂事、乖”，这种价值导向背后的潜台词是：你只需要依附于我就好。

在孩子的婴儿时段，你可以用母亲的直觉感知孩子是冷了还是饿了，但随着孩子的成长，我们就要建立起彼此的边界，我们不能再代替他去感受这个世界，更不能再代替他去做选择。你要分清楚你的感受和他的感受是两码事儿，知道自己的“爱”与“帮助”可能会阻碍他的成长！作为母亲，当你不知道怎么做的时候，就啥也别做，这是“放手”的第一步！比起“俯首甘为孺子牛”的母亲，真正能够“放手”的母亲，才是合格或者成功的母亲。

自恋型母亲打乱了孩子正常成长的节奏，本来他应该长成一棵笔直的大树，却被母亲用这种“爱”一道一道地禁锢，长成了奇形怪状的盆景。孩子通过切身的感受，一点一点地形成意识，并逐渐形成自己的思想。换言之，他们是通过感受来认识世界、感知世界的。当自己的感受一次又一次地被否定、被忽略，他就不再能够“直抒胸臆”，随之依附于你的感受，而他的内心实际上与你的距离正在渐行渐远。知名心理咨询师武志红在《为何家会伤人》一书中这样写道：成熟的父母不会在第一时间去处理孩子的问题，他们会先处理孩子的感受。

自恋型的母亲，归根结底就是没有关注和处理孩子的感受，而是大操大办、大包大揽，一厢情愿地把自己的感受移植到了孩子的身上!

三、母子关系模型

海鹏模型

在庄子的《逍遥游》中，有这样一段描写:“北冥有鱼，其名为鲲。鲲之大，不知其几千里也。化而为鸟，其名为鹏。”我们用这段文字来形容复杂的母子关系，最贴切不过了。当孩子小的时候，就好比是“鲲”，住在“北冥”就像是生活在妈妈的怀抱里。随着“鲲”渐渐长大，他就会离开母亲的怀抱，化为大“鹏”，飞向更辽阔的世界。

在儿子化“鲲”为“鹏”的过程中，母亲扮演着十分重要的角色。孩子六七岁之前，母亲好比是港湾。通过依恋关系，母亲带给孩子充分的安全感，使孩子变得专注又勇敢，对未来充满向往和热情。相反，如果妈妈过于强势、情绪暴躁，或者习惯性地否定孩子，孩子就可能会因为缺乏安全感而变得焦躁不安、注意力分散，甚至养成怯懦退缩的性格。

母亲永远是儿子的港湾，而不是限制他的藩篱，母亲应该充分地鼓励孩子成为一个独立的个体。同时，我们要学会把孩子作为平等的人来看待，尊重孩子的情绪、想法，引导孩子成长为一个让别人尊重和喜欢的社会人。母亲是儿子的“海”，儿子则是母亲的“鹏”!

车灯模型

理想中的母子关系，母亲不仅要在“鲲化鹏”时学会“放手”，还要像“车灯”一样，用充满光芒的爱与智慧去引领或者警示儿子的前路。

很多母亲都尝试去控制孩子：“我是为你好”“孩子，妈妈觉得你应该这样做……”“不要去做这个……”她们的爱和焦虑成了控制孩子的武器。如此这般，过分代劳，母亲便剥夺了孩子犯错及不断修正自己、勇于承担责任的机会，这样的孩子怎么能够健康地成长起来呢？

电视剧《大秦帝国崛起》中，嬴稷继位后想要摆脱母亲和舅舅的控制。在国策上，嬴稷不听太后劝告，一意孤行，错用了田文……在这件事上，太后虽然一直劝谏嬴稷，但她却没有用自己的身份和势力阻止嬴稷实现他的想法，而是给予了他犯错的机会，让他去体会作为帝王必须要承担的责任与后果。最可贵的是，在嬴稷经受挫败而后悔时，作为母亲的她给予了儿子进一步的支持和信任。国事重于天，太后也没有始终替代和控制儿子，而是让年轻气盛的皇帝在尝试和跌倒中学习“走路”，去学习和实践如何做一个真正的帝王。

嬴稷的母亲，对于儿子能“放”能“收”，又敢“信”善“引”，这是一个具备“大智慧”的母亲！

四、总结

本章主要讲了母亲对儿子成长所起到的重要作用，并解释了恋母情结等，进一步说明了理想的母子关系“模型”是如何建立和培养的。

不管是生活上还是情感上，我们不要做孩子的“方向盘”，去想着控制孩子的人生。相反，我们要尝试接纳孩子的不完美，并且给予孩子犯错并修正的机会。真正的智慧不是显示自己事事都英明、处处都聪明，而是让孩子感觉到自己是可爱的、值得信赖的，所以真正智慧的妈妈看起来反而往往是笨笨的样子……尊重孩子，理解孩子，请你试着做一个“大智若愚”的妈妈，更学会做一个幸福的女人。大道至简，返璞归真，践行“放手”的教育，就是给孩子一生最好的礼物。

父女关系：父亲决定了女儿的幸福指数

一、爱你在心口难开

理论上讲，父女关系和母子关系一样，有着异性关系的特点。现实中，“中国式父亲”却往往不善于表达爱，在儿子面前还可以“指点江山”或者以“打”代管，但是面对娇娇嫩嫩的“小棉袄”，爸爸们就有点不知所措了。对于女儿，父亲要么有求必应，要么严肃回避。他总是不知如何回应女儿的情感需要，这就像是一种“爱你在心口难开”的感觉吧！

总是听到很多“富养女儿”的系列问题，我觉得真正的“小公主”，不是用钱培养出来的，而是用爱滋养出来的。这份滋养，特别需要来自爸爸的那份爱。

说起爸爸和“小公主”，我想提一下综艺节目《爸爸去哪儿》。我们且不论这一档节目的水平如何，只说它在一定程度上透视了社会文化，使得在亲子关系中总是缺位或者像影子一样的爸爸角色受到了重视，这是很有意义的。节目里面的“小公主”夏天，有礼

貌，会关心别人，喜欢穿“公主裙”却不娇气，是大家眼中真正的“小公主”。爸爸夏利克和女儿夏天有一个爱的铃铛，摇响铃铛就是向对方说“我爱你”(这个方法，不善于表达情感的“中国式爸爸”可以运用“发散性思维”进行借鉴)。夏天犯错的时候，夏利克也会客观、严厉、有条理地指出来——这和中国传统型的父亲不一样。夏利克不会说“爸爸不喜欢你这样”，而是强调“你这样做是不对的，是没有礼貌的”。夏利克对女儿的教育方式不是居高临下的，也没有充满着控制欲，这是个情商超高的好爸爸。

同期的另一对父女是王宝强和女儿娜娜。娜娜显然是我们生活中最常见的那种傲娇的“小公主”：任性，希望被人宠溺，有些唯我独尊……小娜娜命令自己的爸爸去站墙角，王宝强居然也照做了，这就是他们平常的相处模式。

王宝强的做法是不太合适的，但确实是我们生活中最常见的现象。在中国的传统家庭中，这就是父亲的“迁就”和“牺牲”！很少有父亲会主动地对孩子说“我爱你”，却会说“我为孩子付出了很多”……这其实就是变相地对孩子表白“你知不知道爸爸有多爱你！”没有时间陪孩子，或者不会直白地向孩子表达爱意，该怎么办呢？王宝强选择了大多数父亲会选择的一种方式：对孩子百依百顺！

被爸爸宠上天的女孩是当不了真正的“公主”的，最后只剩一身的“公主病”。

在家庭中，爸爸本身作为一个外部世界的象征，影响着孩子如何看待世界、树立规则意识、建立价值观和人生观等。对于女儿来说，爸爸又是她生命中的第一个异性，爸爸的形象对于她未来选择什么样的伴侣有着潜移默化的重要影响。如何为自己的宝贝女儿树立一个真实、温暖和健康的男性形象，是每位父亲都需要认真思考和准确对待的问题。

二、恋父情结 / 埃勒克特拉情结

希腊神话中有一个著名的故事：弑父娶母。弗洛伊德由此将男孩的恋母情结命名为“俄狄浦斯情结”，而与它相对应的恋父情结被称为“埃勒克特拉情结”。埃勒克特拉是古希腊神话中参与杀害母亲的人物，“埃勒克特拉情结”说的是女性在儿童时期形成的恋父和憎母情结。同“俄狄浦斯情结”一样，“埃勒克特拉情结”是儿童存在的倾向，也是一种普遍的心理现象。在很多艺术作品中，我们不难发现这两种“情结”的踪影。

李安导演的电影《饮食男女》，讲述的是一个单亲家庭的故事。父亲朱师傅有三个女儿：家珍、家倩和家宁。一个单亲父亲拉扯着三个孩子，十六年含辛茹苦，这期间弥漫着浓浓的亲情，也有脱不掉的“埃勒克特拉情结”的色彩。几个女儿自小都在以自己的方式去争夺父亲的爱，长大成人后，她们的感情生活都显得不尽人意。

大姐家珍，是家里的老姑娘，大学毕业九年了，“三十而立”的年纪仍然是孑然一身，其中缘由呢？大家一致认为是因为她被大学时的初恋男友抛弃而久久不能释怀。但是，这一切的悲情故事都是家珍编造出来的！姐姐为什么要编这样的一个故事来“欺骗”大家呢？我们来看看姐姐家珍欲由此达到什么目的吧！家珍说她要陪着爸爸，这里是家、是爸爸的全部！家珍强调一辈子留在这里也没什么不好，家珍说妈妈走的时候妹妹还太小，她相对更了解父亲一些，因此她要一直陪着父亲……

家倩却对家珍说：我年龄再小，也比你了解爸爸，自从妈去世后，你就开始当起我的家长了，你不是我的姐姐，是你把我挡在了外面……家倩一语道出了家庭中多年的隔阂！

亲密无间的母子关系需要父亲来调节，父女关系也同样需要母亲的平衡。父母的亲密始终是无法破坏的认知，这是女儿成长中必要的并且是可以承受的挫折。这样的挫折，让女儿在面对与母亲的竞争或者争夺时，可以更容易从对父亲的迷恋中走出来，转向去认同母亲，并学习怎样做一个女人，从而获得像父亲一样的男人的爱。如果女儿觉得自己是打败了妈妈而赢得了爸爸，那么她就可能长久地走不出有爸爸的那个家，亦如家珍一样。女儿心里甚至相信爸爸爱自己要超过妈妈，但是妈妈“强大”得无法战胜，她因此可能一辈子都去寻找类似的竞争关系，以完成一次真正的“胜利”，或者说不断地体验那种熟悉的却虽败犹荣的感觉。这就是有些女孩儿总是会把自己陷入第三者的境地，或者说会在像爸爸一样的男性面前有着强烈地获得认可的需要……怀有这种“心思”的女孩子，总是在与一些“假想对手”竞争的获胜中而赢得赏识和想象中的亲密感。看看家珍的妹妹家倩，一辈子都像是在抢夺、在竞争、在嫉妒，她始终蜗居在自己的“小我”里。

提到嫉妒，这并不是女性特有的情绪，只是女性和男性的情绪表现形式不同罢了。中国传统文化史中亦有不好的地方，女人就要“三从四德”，男人却可“三妻四妾”。男人为了巩固自己的所谓的“特权”，就要求女人有不嫉之德，不嫉是美德，而嫉妒则相反。

其实，情绪无关对错，关键是怎样驾驭或调控情绪。

嫉妒这种情绪的发展是非常早期的，人类个体在婴儿时就已经会嫉妒了。在“俄狄浦斯期”，嫉妒会发展得更加明显：女孩嫉妒妈妈拥有爸爸；男孩嫉妒爸爸占有妈妈；兄弟姊妹之间因嫉妒而争夺父母的爱。为此，我们需要引导孩子的嫉妒之情能够得到良性的发展。此时，我们所讲的可承受的挫折就显得非常重要了。当代的妈妈们经常抢在女儿前面“狡黠”地问老公：“你女儿问你更爱她还是更爱我，你怎么回答啊……”这时，男士们应该心知肚明：“家里的两个女人开始竞争你的爱了！”怎样面对母女的“苦苦相逼”呢？你说最爱妈妈吧，女儿可能瞬间会泪眼婆娑而不理你了……这是女儿可以承受的挫折，更是帮助她成长的力量。有的父亲聪明地回答：我爱你们两个，只是爱的方式不一样。妈妈和爸爸是要过一辈子的，而你以后会有自己的更加美好的生活，你当然会找到一个最爱你的人！

三、父亲送给女儿的礼物：亲密关系 / 婚姻关系

父亲是女儿生命中的第一个男性形象，对于女儿婚姻关系的相关影响，父亲的“作用”已经被越来越多的人所认识。

华语电影的标杆人物张曼玉，是迄今为止获得重量级奖项最多的女演员之一。虽然息影已多年，她仍然从未被超越。除了电影的花絮，在大众的眼中，被“津津乐道”的还有张曼玉的情感经历。虽然经历了多任男友，但她只有一段与法国籍导演阿萨亚斯的婚姻。八岁的时候，张曼玉跟家人到了英国，她是在父母的争吵声中

长大的。时光久长，父母离异，她与母亲相依为命，和父亲却形同陌路。

在女儿未来的情感生活中，她会有意无意地根据父亲的特质来选择未来的伴侣，如外貌、性格、相处模式……她既有可能选择复刻了父亲些许特质的男性，从而获得“归属感”；她也有可能会选择与父亲特质截然相反的男性，以在一定程度上实现“补强性”。对于张曼玉来说，她内心中的父亲形象是模糊的，除了父母亲的争吵不休，她不记得父亲还有哪些特质，频繁地更换男友，肯定存在着一定的原因，但是从很大程度上来讲，张曼玉或许是还在寻找一个理想的“父亲形象”。父亲形象的缺失和对于父亲形象的失望，会让人内心不自觉地勾勒出一个理想化的父亲轮廓，这是一个生命个体自我保护的内在机制。同时，也可以让自己在没有真实感，对父亲有一种美好的期待时内心世界不会崩塌。建立自己的亲密关系的时候，她往往会照着这个理想的“父亲形象”去寻找一个真实的异性，这个过程一般会困难重重……

相亲类节目《非诚勿扰》中，男孩陈鑫暗恋了唐静七年。他毅然来到舞台上向心中的“女神”告白，道出了一系列感人至深、催人泪下的画面。这个男孩非常真诚和优秀，但是唐静还是拒绝了他……因为是单亲家庭，唐静称自己是个在情感上有着一定缺失的女孩，所以理想中的恋人一定是个内心强大、成熟稳重且能在精神和物质上给予她双重关爱的男人。唐静特别强调男孩子必须阅历丰富、内心成熟，且能够很好地照顾她和老妈。因此，陈鑫遗憾地“落选”了！这带给观众很多思考，也对当前的父女关系诠释了更多的定义！

建立起真实和温暖的父女关系，作为父亲的你不必无所不能、完美无缺，但是你应当积极、巧妙地回应她，并且能适宜、真挚地表达出爱。父女之间的情感是流动的，不是隔离的，不是一个真实的父亲在场与否，而是女儿内心感觉到她能与父亲的心灵自然联结。一部韩国电影讲了一个单亲妈妈带着自己长有“六指”的女儿的生活，女儿因为在学校常常被同学所嘲笑，所以怏怏不乐。这个妈妈非常有智慧，她告诉女儿：因为你的爸爸是外星人，爸爸所属的那个星球的人都长有“六指”……妈妈还告诉女儿如何对着天空中的星星呼叫，这样就可以感知到在外星球的爸爸。女儿高兴起来了，并且按照妈妈所教的“秘笈”经常与爸爸亲密地“交流”！

什么样的父女关系才能更有利于女儿的成长呢？在此抛砖引玉，我们提供给您一种模型，希望能够给您一些启发。

四、父女关系模型——弓箭模型、“偶粉”模型

1. 坚定与力量

对于弓箭来说，足够坚定有力的弓，才能把箭射得足够远。

在每个人身上，都有着男女两个部分的“双性”特质。三岁前的女儿，她会模仿和学习妈妈，不到四岁的女儿更“靠近”爸爸的男性特质，比如坚定、勇敢等。这些当然是女孩长大后所要具备的品质，而它最初就来自于父亲。父亲更能够给予女儿可汲取的力量与可参照的方向，父亲的作用难以取代！

印度电影《摔跤吧，爸爸》在中国大火，里面的父女关系非常值得我们探讨。影片刻画了一个不同寻常的父亲，他突破对女性价值认识的传统的狭隘思维，专心挖掘两个女儿的摔跤天赋，将她们都培养成了世界冠军，从而使她们摆脱了大部分印度女人只能依赖丈夫存活、在锅碗瓢盆中蹉跎岁月的命运，这是一个相当“称职”的父亲。基于印度的国情，我们应当为这个父亲大声喝彩，正是由于他的悉心和执着，他的女儿才最终实现了“凤凰涅槃”！

2. 让女儿感觉到自己是可爱的、是值得被爱的

前面说到：父女关系很大程度上会影响女儿的亲密关系和婚姻关系。在中国传统的家庭观念下，父亲对女儿的忽视、贬低都会严重伤害女儿的自尊心，让女儿自轻自怜、自怨自艾。因此，女儿就会在后来的亲密关系中讨好男友或者丈夫，她甚至会为此付出很大的代价，而只是为了换取“一秒钟”被爱的感觉。

有研究表明：比起父亲角色缺失或与父亲关系较差的女性，与父亲关系良好的女性更不容易发生高风险的性行为，不容易在青少年时期怀孕，且在性方面更有自主意识，例如，能够更好地分辨与拒绝不想要的性关系。

“爱在心中口难开”，父亲要不断努力地改变这种“窘状”。我们需要提升自己的爱的表达能力，不要吝惜一个欣赏的眼神、一个温暖的拥抱、一句鼓励的话语、一声必要的道歉……在这一点上，前面提到的夏利克就非常值得我们学习，他从不吝啬表达对女儿的爱。当女儿向镜头展示自己为妈妈做的“MomDay”（母亲节）礼

物时，工作人员问她“MomDay”是什么意思，她回答道：“妈妈的天。”大家都笑了，夏天看起来“难以为情”了，父亲夏利克此时马上大声地说：“可是，我觉得翻译成‘妈妈的天’也很好啊。”接着，夏天开心地笑了……

3. 该放手时就放手

过度亲密的父女关系，抑或是压制这份亲密的冷漠，都会让女儿难于在心理上与父亲分离。所以爸爸要让女儿知道自己对她的爱，同时也要给她一些挫败。爸爸和妈妈始终要更亲密些，要让女儿去学习妈妈赢得爸爸那样，去积极赢得另外一个男人真挚的爱。

爸爸最后总要牵着女儿的手，放在另一个男人的手中。《射雕英雄传》的伊始，黄药师固然不同意女儿与郭靖的爱情，他觉得愚笨的郭靖配不上自己聪慧的女儿。同时。黄药师自己也一时难舍与自己相依为命十几年的女儿！随着女儿的坚持与历练，黄老邪最终还是尊重女儿的意愿，让她与郭靖“比翼双飞”。从此，父女俩笑傲江湖，各自安好！该放手时就放手，放下了女儿，也是放下了自己！“弹指神通”神功独步天下，殊不知“东邪”对于女儿的情愫也是罕有其匹！

五、总结

本章探讨了父女关系以及父亲对于女儿成长中的重要作用，解释了恋父情结和理想的父女关系模型。

《父母手记》里有一则爸爸和女儿的故事，叫“钥匙里的爱”：女儿去郊区很远的学校上班，父亲担心不安全，但女儿偏偏喜欢那份工作，爸爸没有阻拦，只是想给女儿一些支持和保护，他在女儿的包里放了一把备用车钥匙。在危急关头，正是这把钥匙救了女儿！其实，我想说的是这个故事开篇的一句话，为了概括本章的内容，我做了一些改变，在此献给所有亲爱的父女们：

他在我三岁时带我去冒险，去探索外面的世界；在我十三岁时，他教我站立行走的姿势、与人谈话的技巧、如何成为一个有修养的女士；我十七岁时坠入爱河，他教我如何选择值得信赖的朋友、如何与男朋友交往、如何保护自己……无论遇到什么事，他永远都是可以信赖和依靠的爸爸！

母女关系：把更耀眼的位置留给女儿

一、有毒的母女关系

曾经有一件炒得很火的事儿，艺人张靓颖的妈妈晒出了一封公开信，原来是女儿要结婚了，妈妈却没有被告知。妈妈公然愤怒地讨伐自己的女婿。无独有偶，在事业如日中天的时候，另一美女张韶涵被亲妈公开指责冷血、殴打家人、酗酒……事后好像也没有证据可以说明张妈妈的指责有根据，但是张韶涵的事业或许因此而一落千丈……

抛开类似家庭中的父亲的缺席不说，这些母亲往往也曾经有过一个不如意的原生家庭，并且也有着糟糕的母女关系。换句话说，她们的母亲未曾教会她们如何从容地做一个女人，从而运用女性的能量去享受自己的女性角色。有研究表明，父母与儿女们的关系中，母女关系是最复杂的。生活中，也的确有大量案例似乎向我们证实了这一点。

男孩跟母亲的关系要单纯很多，在脱离了幼时与母亲的共生关

系后，男孩的认同就逐渐指向父亲，女孩则是不同的。一般而言，从幼时延伸到整个童年，女孩对母亲的依恋会逐渐上升。在单亲家庭中，母女关系几乎密不透风，牢固得犹如铜墙铁壁，这对她们是有好处的，可以帮助她们抵御外部危机。然而，问题也会逐渐如冰山般浮现。现实生活中更为常见的是，在女儿的成长过程中，母亲对女儿进行了过多地限制和“捆绑”。进入青春期后，女孩会逐渐开始对异性发生兴趣，她忽然发现自己眼中的那个几近“完美”的母亲原来有着很多的缺点。女儿的独立和背叛，往往会激发起绝大多数母亲的手足无措和莫名恐慌。对母亲来说，女儿就是另外一个小小的自己，她会有意无意把自己曾经成长中经历的那套标准照搬到女儿身上。这个时候，母女关系更像是两个成年女性之间的关系，有浓得化不开的爱、有女人间的竞争，也有母女间的意志力对抗……这个阶段如果处理不好，很多母女关系就会变得异常紧张，进而会极大地影响到孩子的日常生活、人际交往和学业，甚至会成为女儿一生的“痛”。但是无论怎样，过了这个阶段，女孩们的一部分认同感又会转回母亲。因为我们从无数案例中可以看到，不管女儿与母亲的关系曾经如何，最后自己身上总是会被深深地打上母亲的烙印。尤其是在结婚生子之后，几乎所有的女性都会发现自己的一举一动中，隐隐有着母亲的影子。

笔者身边就曾发生过这样一个有意思的案例。两位性格迥异的女性朋友：一位美貌可人，冰雪聪明，暂且称之为 A；另一位颇有几分男性的英气，言语直爽，着装中性，暂且称之为 B。两位女性都生了女儿：A 总是要求女儿要忽略着装和打扮，重点关注学业和理想；而 B 却常常给女儿买一些非常可爱的女性饰品，有意地关注和培养女儿的女性气质。

针对此事，几个学心理学的“大咖”也免不了一番“分析”。A 自小关注着装，在当时社会风气还比较压抑之时，自然会受到周围很多人的“指目牵引”，尤其引发了与母亲之间的强烈冲突，即使她长大了，母亲依旧对于她的着装颇有微词……正是有了这样不愉快的经历，A 总是希望女儿可以较少地关注外表，从而被否定和可能的挫折。B 小时候是被母亲当成“女汉子”来养的。母亲要求女儿要始终以学业为重，而忽略女儿的外在形象。成年后，B 才发现自己竟然错过了那么多女孩子成长中的美丽，于是就迫切地希望自己的女儿不要“重蹈覆辙”，从而可以得到这份宝贵的享受与快乐。

我们可以清楚地看到：作为女儿无论是认同还是抗拒，母亲给我们带来的影响是深远且很难磨灭的。当我们再次面对自己的女儿时，其实就是再一次面对着自己。在女儿身上，母亲们都容易有一种倾向：通过女儿，完成自己儿时被母亲压抑下去的想法和做法，让女儿活成理想中的自己。殊不知，这样做只是满足了母亲自己的“私欲”，但却忽略了孩子自我意识的发展和成长。

现实中，还有一些偏于病态的母女关系是这样的，母亲会对女儿不自觉地进行各种打压。从心理学角度来说，这是母亲对女儿的“嫉妒”，确切地说，是同性之间一种非常原始的竞争性的嫉妒。《红楼梦》中，最爱找探春麻烦的人就是她的亲妈赵姨娘，赵姨娘常说的话就是：“你是我肚子里生出来的，凭什么你金尊玉贵地做你的大小姐，却不肯帮我们一把。”所以我们看到，但凡探春有点什么“悸动”，赵姨娘总是有意无意地搅局——也许她最无法容忍的是面对自己的女儿没有了话语权这个事实。有毒的母女关系充斥着愤怒暴躁、情感操控、负面伤害等。也许正是由于母亲的种种苛责，探春这样一个优秀的女孩子最终决绝地选择了远嫁藩国……

二、关于母女关系的理论

在人类几种基本的关系中，母女关系是非常重要而且是最值得研究的关系。与父女、母子关系不同的是，随着母亲和女儿年龄的递延，母女关系会演变出一种回归曲线的效果。也就是说，当女儿日渐长大，无论她的个性和其母亲相差多远，一旦她自己成为母亲，她对自己儿女的态度不知不觉会打上其母亲的烙印。无论她年轻时如何厌倦甚至反抗自己的母亲，她往往会继承母亲在处理母女关系上的很多的信条、信念或者方式、方法等。

在零至五岁之间，女儿对母亲最基本的感情是依恋，这是一种本能的依恋阶段。有一定数量的案例表明，同时期的男孩会比女孩显得好像更依赖母亲，但这不能被证实是普遍规律。

五岁之后的孩子，情况发生了很多变化，这时她们已对性别形成较完整的认识，她们清楚地了解自己是男孩还是女孩，明白男女之间的玩具是不同的、玩耍的圈子也是不同的。这个时期的女孩们都会说：长大要做像妈妈那样的人。在五至十三岁之间，女儿对母亲的最基本感情是崇拜，母亲成为女儿眼里最完美、最高贵的女性。在此期间，同龄女孩之间对自己母亲产生的自豪感和相互攀比的情绪也是一生中最强烈的。她们往往会争吵着说：我的妈妈会做什么，你的妈妈不会；我的妈妈有什么，你的妈妈没有；我妈妈比你妈妈漂亮……

女儿长到十三岁左右时，已经出落得“碧玉妆成一树高”，她对于母亲直接的崇拜情绪会发生变化。几乎在一夜间，母亲在女儿眼中会成为无知、愚蠢、不可理喻的“生物”，这种情感上的骤变很难被完全解释清楚。

母亲们也常常扪心自问：“我的乖女儿怎么了？”最主要的原因应该是女儿在十三岁至十八岁之间这个心智成熟最快的时期，伴随着青春期发育，她开始有了自己独立的审美观，她心中的完美的女性形象开始从母亲身上渐渐剥离，并逐渐转移到偶像或者是一个虚拟的形象上去了。反过来，她再看向自己的母亲，似乎一下子变得难以接受。其次，母女之间在这一时期的交流和沟通会变得困难起来，或者说她们之间原来的交流方式显得不适用了。处于青春期的女儿开始对男性产生兴趣，她们开始朝着取悦某个特定男性或所有男性的方向去包装自己，如衣着打扮、言语行为等，这些变化往往令母亲们难以接受。因此，在这个时期，母女之间的争执几乎总是遵循着固定的模式，母亲表现为想控制女儿，而女儿则表现为极力摆脱这种控制，母女双方经常陷入对峙或“冷战”，母女关系因而也趋于平淡或“冷漠”。

面对十三岁至十八岁之间的“叛逆”的女儿，很多母亲向我坦言，她们普遍有一种危机感，因为伴随着女儿的性成熟，她们开始担心女儿的交友问题。根据调查，绝大部分母亲认为女儿对性能够具备正确把持态度的年龄应该在二十一岁以后，而第一次性经验应该发生在二十岁比较合适，这和女儿们的看法实在差得太远。在有人询问近三百名的十五至十七岁的少女中，87% 的少女认为她们在十四岁就能对性问题有正确的态度，超过一半的少女认为第一次性经验发生在十六岁是可以接受的。母女认识的“殊途”，也许是造成这一时期的母女之间摩擦频生、“横眉冷对”的主要原因！

随着女儿一年一年地长大，她们的精力会投向男性，无论母亲们愿不愿意接受，这都是无可否认的事实。同时，女儿对妈妈的忠诚又是如此贯彻一生，好像妈妈不幸福，女儿又怎敢幸福呢！这似乎是一种女性命运的传承。

我接触过这样一位妈妈，她总是妆容精致、衣着得体、谈吐高雅。她的家世好、学历高，又有一个非常疼爱自己的丈夫。她一直都觉得自己是这个世界上最幸福的女人。女儿小美的出生，使她好像失去了家中的核心地位，她不再是丈夫唯一的爱。女儿一天天长大了，她给女儿报了很多培训班，如唱歌、跳舞、钢琴、书法等。她说女孩子就应该多掌握才艺，小美不能输在起跑线上。每次送孩子去上课，她都会把自己精心打扮一番，同学们总是羡慕地对小美说：“你妈妈真漂亮。”年幼的小美高兴之余，却因此越来越感觉到“压力山大”，原本活泼开朗的她变得沉默了，她总是低着头、弯着腰，甚至出现了暴饮暴食、学习成绩下降的现象。

有一次，小美的妈妈又送她来上课，很多同学都习惯性地夸她妈妈漂亮，你一言我一语，七嘴八舌，赞扬不休。小美因此哭了起来，大家问她原因，小美怏怏地说：“你们都夸我妈妈漂亮，没有人夸我，意思就是说我很丑呗！”

后来，我们和小美的父母进行了良好的沟通。小美的妈妈明白了孩子的“心思”，她从此在女儿面前变得低调内敛，反而更加关注和烘托女儿的光彩，小美的“症状”也随之慢慢地缓解了。小美和妈妈的关系，就像是月亮和太阳的关系，当太阳光芒万丈时，月亮也就黯淡无光了！

其实，无论是生物还是人类，同性之间的竞争从来都是激烈的。在家庭中，有两个男人为了一个女人而产生的“俄狄浦斯情结”，也有两个女人争夺一个男人而导致的“埃勒克特拉情结”。曾经看过一篇新闻报道：妻子不满丈夫把爱转移到女儿身上，狠心地把女儿从楼上扔了下来。这种极端的例子虽然并不多见，但也反映出同性之间可能出现的心理冲突而带来的“异变”。基于女性的自身特点，女人间的冲突和对抗一般不会很明显、很直接，而是暗度陈仓、杯弓蛇影，把“钩心斗角”放到了桌面下。这种对抗，往往更具有杀伤力，不但很难痊愈，还可能会传递到下一代。

三、母女关系模型——日月模型、蚌珠模型

说了这么多，并不是把所有母女关系都放在了对立面，我们只是在讲一种可能性。母女关系处理得好，女儿才能成为妈妈贴心的“小棉袄”。母女可以手挽手去逛街、在被窝里谈心，用拥抱和亲昵感受彼此的温暖和情愫。

因此，母女关系的关键点不是同性间的对立，而是二者之间的互动和“耦合”。那么，什么样的相处模式才有利于女儿的发展呢？其实，大自然就给了我们很多启示，只是我们很少去留意。我总结了一个母女关系的理想模型，暂称之为“日月模型”。

白天的太阳光芒万丈耀乾坤，夜晚的月亮“月光如水水如天”。但是，当太阳和月亮同时出现在天空时，无论月亮怎么努力，也不

可能像太阳一样耀眼，即使在夜晚，月亮也赖以凭借太阳的光辉展示着自己的美丽。同样是天空中引人注目的星体，却总要另一个做陪衬！这让我想到了母女关系……那么，谁来做这件“伟大”的事情呢？

一个无私、智慧的母亲，就应该选择自己做“月亮”，把更耀眼的位置留给女儿，让她像太阳般尽情地绽放美丽夺目的光辉。母亲只是一路陪伴，并在必要时给予她支持和衬托。肯定、欣赏和鼓励自己的女儿，女儿因此变得自信的同时，会更自然地秉承并升华母亲的包容、温柔和博爱……她的未来不是梦，她的人生更精彩。相反，如果妈妈自己做“太阳”，就很可能让女儿在成长中感受到莫大的压力。妈妈会因此成为女儿心中难以逾越的障碍，以致她不敢、不愿或者不能更好地绽放，成为一个又一个的“小美”。

我采访了很多女性朋友和同事，她们说和妈妈的关系都是亲密中包含着纠结，或者看起来和妈妈并不亲近，但又觉得妈妈的影子无处不在。两个女人之间的故事，真是复杂细腻到我们说不完、道不尽的程度了。不过，我还是想尝试着给大家一个不完美但很真实、很值得期待的可能与方向。

皮克斯公司出品的动画片《勇敢传说》，我们推荐母女俩可以一起去看一看。剧中的王后妈妈是一个真正的淑女和称职的王后，她努力地辅佐国王，也尽心尽力地想把女儿梅里达培养成一个淑女和真正的公主。女儿梅里达是个非常有个性的女孩，她更喜欢像爸爸一样能骑善射、自由奔放。于是，在母女之间，分歧出现了。王后想按照自己的期望值去塑造女儿，她一意孤行，女儿却偏偏不领情。一方面是王后妈妈不断地唠叨抱怨、恨女不成“钢”，一方面是女儿偏激逆反、总是“挥手自兹去”，母女间的隔阂因而也日渐加剧。给女儿梅里达招亲一事，使母女的冲突进一步激化升级，不接受“父母之命、媒妁之言”的梅里达大闹了一场……公主想要主宰自己的命运，却一时冲昏了头脑而寻求巫婆的帮助，她骗母亲吃下了巫婆的魔咒蛋糕，从而把美丽的王后变成了一头“熊”。

看到这里，我们或许要忍不住教育孩子了：“你不听妈妈的话，闯祸了吧，还要连累妈妈受苦……”但我认为影片故事并不是简单地要告诉我们这些，因为母女两人相互的理解和救赎正是从此开始的。女儿希望弥补自己的过失，一路上保护着“熊”妈妈去找巫婆寻求解救的办法。“熊”妈妈也并没有责怪女儿，反而在自己不再是美丽、优雅、高高在上的王后的时候，更多地体会和理解到了女儿的感受。最后，女儿也明晓了主宰自己命运的方法是内心真正的勇气。妈妈不仅放下了偏见，也更尊重女儿的个性与需要。这是一部非常有寓意的讲述母女共同成长的影片，尤其是妈妈从高高在上的王后变成丑陋笨拙的“熊”，然后回归为一个真实平凡的母亲，这个过程中，“母后”的蜕变与成长让人唏嘘深思。

四、总结

本章讲了母女关系的特殊性。在母女关系中，首先是妈妈要放下身段、放下对女儿过多的期待和要求，让她可以成为她自己，你也做回你自己。试想一下：我们对女儿的期待是否就是自己的心愿呢？我有一个同学，她小时候学习钢琴的梦想一直未能实现。自己有了女儿之后，她就特别执着地带女儿去学钢琴，母女经常为此

“兵戎相见”。一天钢琴老师来教琴，女儿把自己关在房间里愣是不出来。妈妈心疼“钢琴学习费”，她便让老师先教自己，自己择时再教女儿。老师认真细致地给这个妈妈上了一节钢琴启蒙课，我的同学由此开始了自己的学琴之路。她不仅不逼女儿了，转而“逼”自己努力学琴！后来，母女俩为了练琴竟然“比学赶超”、不遑多让了……

在这里，我特别想对妈妈们说：去做自己喜欢的事吧，做到自信、自由和幸福，不要把愿望都放在孩子身上，任何时候开始做自己都不晚！你的阳光和优秀，你的女儿历历在目，并且她会以这样的你为“灯塔”，她的人生航程也一定会更精彩！

第二章

硬核父母的硬功夫：沟通的艺术

沟通不是技巧，也不是炫技，而是艺术。所谓的沟通专家和谈判大师，他们不单单拥有严谨的逻辑、精准的表达抑或动人的声线，其实他们的“真功夫”还是在于在生活中练就了一身“无招胜有招”的“内功”：沉静内敛，平易近人，注重倾听，充满智慧……当你焦躁地向他们请教或者述说自己的“滑铁卢”之时，他们很少给你现实的指导，只是首先用关注的眼神、包容的态度、简短的回应让你首先能够渐渐地沉静下来。他们或许没有给你什么具体、高深的“锦囊妙计”，只是通过一些开放式提问，让你发现真正的答案其实就在你自己的心里。真正被一个人关注和倾听，本身就是一件非常美好而感动的事，你会因此而感觉到自己是优秀的、是可爱的、是充满力量的……

让我们一起来体验和尝试沟通、倾听的艺术吧！不久以后，你一定会惊喜地发现，只是简单地用心倾听，便会让你的亲子关系、夫妻关系、职场关系等各种人际关系受益良多，而且自然实现了“旧貌换新颜”。

用心倾听

法国沟通专家萨洛米写了一段儿科医生、母亲和女婴的故事。

10小时前，一位年轻的女士生了一个小女孩，起名朱丽叶。一名儿科医生走进产房做例行检查，他走到婴儿床前，一边做着检查和记录，一边对婴儿说话："你的名字是朱丽叶，你是个女孩。我来给你做个检查，看看你是否得到了你需要的东西，这样你可以成长为健康漂亮的女孩，然后长大也会成为一个优秀的女人。"他一边把小女孩抱到妈妈床上，一边弯下身子靠近婴儿的小脸和她说话。妈妈想："这个人的行为举止不像是一个真正的医生！"所以她严厉地对他说："不要费劲儿和她说话了，她听不懂，她刚刚出生，我还没碰过她呢！"

医生继续平静地和女婴"交谈"："你看，你妈妈觉得你听不懂我和你说的话，但我可以看到我和你说话的时候，你的眼睛在跟随着我转动。我有一种感觉，你妈妈有点不快乐。我从她的声音听出来，她可能有点生气呢。你知道她为什么不开心吗？"听到这里，妈妈大发雷霆道："不是我不开心！我想生个男孩！你知道什么？！

我有四个姐妹呢，已经受够了！”

医生继续镇定自若地对婴儿说：“你看，你是个女孩，你妈妈非常生气。她很失望，她想要个男孩，其实最重要的是她担心和你相处不好，因为她和姐妹们相处得有点问题。现在，我能理解为什么她那么沮丧失望了。不过没关系，现在让我们看看你，检查一下你的小舌头，嗯，因为你需要让别人听到你的声音！”医生用了15分钟对婴儿做了全面检查，从头到尾，他都在告诉婴儿他正在做什么，最后他对婴儿说：“好了，我现在要把你放回到小床上，还要放在你的妈妈旁边，让你和她待会儿呢。”这时，妈妈伸出双手抱过了孩子，并不能自已地流下了幸福的泪水。这个年轻的母亲深深地感觉到：这个婴儿是她亲爱的孩子！

看完这个故事，不知你有何感受？你觉得这个医生做了些什么？他是在倾听吗？他在如何倾听呢？也许你也发现了，妈妈的话很少。婴儿根本不会说话，全过程几乎都是这个医生在说话。这似乎与我们讲的倾听不符啊？但是你应该注意到这样一个“关键点”，这个医生自始至终都没有说任何涉及自己的话，他始终像一面“镜子”一样，反馈着婴儿的反应和妈妈的情绪。对于妈妈的不友好，这位医生也是报以一种承认、接受、毫无评判的态度，这种态度使这位妈妈也可以接受他的感受和“引导”。年轻的妈妈情绪激烈亢奋、咄咄逼人，医生知道她只是表达自己内心的感受而已，并不是针对谁或者攻击谁！同时，这位妈妈也没有意识到她当时说的话会有很大的伤害性。

一、倾听的前提：你的态度

关于倾听的态度，用一句话概括就是：放下自己，安在当下，做一面“镜子”。

我们再回到刚才的故事里。显然，医生放下了自己的立场、观点和情绪，他没有评判妈妈的做法和说辞。也许我们看着上面的故事心里会想：这个妈妈怎么对孩子那么冷漠？好像是个不称职的妈妈！对医生怎么那么不友好，有点“狗咬吕洞宾，不识好人心”！这时，我们就把自己的立场、观点和情绪代入了。如果自己被激起了无谓的情绪，也就不能真正地倾听了！

关于倾听的态度，就是心理咨询中说的“客观、中立”，佛教称之为“无我”吧！完全做到这一点是非常困难的，不过我们可以不断地尝试去接近这种状态。也许我们最初需要不断地提醒自己：“我是不是太想表达自己的观点了？我是不是在受伤害的情绪里了？我是不是在评判他了？”如果答案是肯定的，我们就需要停下来，给自己一点时间，告诉对方：“我们可以等一会儿谈，我需要调整一下自己的状态。”这里我们就需要一个停顿，给自己一个“暂停键”。可以做几次深呼吸，暂时离开那个房间……你可以使用各种方法，给自己设定一个“搁置争议”的方法，让自己能够回到一种平和的倾听状态中，然后再继续开始沟通。

放下自己，安在当下，做一面“镜子”，这十三个字好像“武功秘籍”的心法口诀，需要我们参悟和修炼很久！一旦融会贯通，你将无往而不利！

二、倾听的内容：知、情、意

倾听，听什么？非常简单，无非“知情意”而已。

1.“知”是信息，你在和我说什么

比如说“你要的书我给你带来了”，这是一个简单直接的信息，我们无需多想。然而，生活中往往会听到很多模棱两可甚至自相矛盾的话，如：“我太累了，不想和你去参加什么无聊的聚会。”你可以设想一下说完这句话的情景，如果是夫妻间的这样一句话，很可能会引起误会和争吵。假设这是太太邀请先生和自己一起去参加闺蜜的生日聚会，听到这样的回答，她一定会“如鲠在喉”或者气从心来！她或许这样“回击”：“你整天就是工作应酬，一回家就喊累，为什么你的应酬不无聊，我的闺蜜过个生日就无聊呢？你瞧瞧人家某某的老公……”随后的结果，很可能就是唇枪舌剑、刀光剑影……如果这位太太做一个好的倾听者呢？在信息的层面，显然要澄清一下先生表达的信息，邀请他多说一些，比如：“哦，你很累啊，今天发生什么事了”“我想知道你的感觉和想法，能说说嘛”“亲爱的，工作哪儿不如意，别硬撑，参加聚会就当作放松一下吧……”这样做是为了了解对方到底想要告诉你什么？你可以更多地了解他此时的感受和想法，让他知道你愿意听他说，而不是径直说服他或者指责他。

在传达信息层面，还有一点非常重要的非语言的信息，如表

情、眼神、姿态、动作、沉默等。也许我们有时会抱怨家人不和我们交流，但实际上这是不可能尽遂你愿的。通过语言和非语言的方式，我们时时刻刻都在表达着自己，但是你倾听了吗？对于非语言的信息，倾听就是观察，然后尝试着询问、理解并鼓励对方的表达。如此而为，冰雪也会融化，对方也会迎迓，双方心意联通，信息自然通达。

2. 情就是情绪或情感

她的"情"往往是含蓄和隐含的，"犹抱琵琶半遮面"，像雨像雾又像风……如果我们不用心地去了解她言语之外的真实的情感，而是下意识用自己的情绪去回应或回击，往往是各种误解或冲突的开始，即使当时没有"爆发"，也在心中埋下了"种子"，或蜗居等待，或潜滋暗长。

她对你说："算了吧，我根本不在乎你怎么想。"她这句话到底想告诉你什么呢？我们知道，不同的情景下或者不同的语气中，就会有不同的情绪，比如冷漠、绝望、愤懑、狂躁等。带有负面和攻击情绪的语言，一般会更容易引起抵抗性和防御性的态度。作为一个好的倾听者，此时要做的是问自己："她在跟我说什么""她在说她自己怎么了""我需要耐心地说得更清楚一些"……

把关注点能够放在对方身上，我们才能真正做到倾听，而不是感觉"我没有办法再听你说了""我现在听了很无奈""你说得不对"……

对待"情"，我们不是去除、压制或漠视，而是要觉察、调整和表达！

3. 意，指说话者的意图、期待和内在需要等

妻子对着刚回到家的你嘟哝：“你从来不关心我和孩子、不在乎这个家！”这是幽怨？是嗔怒？是正话反说？还是顾左右而言他……

她为什么要这样说呢？她心里在想什么呢？她近期对于什么事最关心？她需要我怎么做呢……这便是我们对于对方内在需要的探索和了解，也是倾听与沟通的最终目的。真正了解彼此的需要和想法，努力尝试着达成理解与“换位”，才能会“意”，才能善解人“意”，从而达到深情厚“意”、“意”念统一的“化境”。

听人谈到很多倾听的技巧和方法，其实，真正的倾听不在于你有多么地投入，而在于你到底从中听到了什么！巨擘泰戈尔说过一句意味深长的名言：说出来的话很好，说不出来的话更好！

三、倾听的方式

倾听的方式，就是“怎么听”的问题。

下面说的两点，都是为了鼓励对方多说一些，以帮助我们可以听透“知情意”！

1. 保持回应三字经“嗯、哦、这样啊”

讲一个非常熟悉的“场景”，是一幅非常温馨的画面，这里面的“小儿郎”，可能是小时候的你，也可能是你正在读小学的儿女！

“小呀么小儿郎，背着书包上学堂，放学回家去找娘。”妈妈在做饭，“小儿郎”兴奋地给妈妈讲学校里的事情，妈妈微笑着，只是一边忙碌一边不失时机地“嗯嗯啊啊”，偶尔问几个字“然后呢”……

这个“场景”中，妈妈忙得不可开交，孩子绕前跟后、寸步不离，讲得绘声绘色、连绵不绝！我建议你不妨也做一个尝试，找自己的“另一半”或者孩子聊聊天，不建议、不评论、不反对，只积极、适宜地回应我们的“三字经”。你不需要说很多，一定要把自己调整到认真倾听的状态，或者只需要让他知道你在认真地听、你很想听他多说一些……

倾听属于有效沟通的必要部分，倾听不是被动的，而是主动的！有一本书的名字叫《只需倾听》，里面就“直言不讳”地讲明了人与人之间沟通的“秘诀”：不在于擅长表达，而在于善于倾听。

2. 争取开放式提问

开放式提问，可以鼓励更多地去表达，鼓励对方拓展思维并去“探索”对方认为很好、很重要或者乐于揭示的东西，能够迅速、有效地缩短双方的心理和感情距离。建立起信任关系，开放式提问将会起到锦上添花的作用。

有时候，我们可以使用选择式的问题，如何使用在于沟通对象的状态。我们不要预设答案和结果，不要把问题变成一个“陷阱”或“包袱”，那样就会让沟通陷入僵局或尴尬。

开放式提问与封闭式提问是一对“冤家”。封闭式提问所提出的问题经常使用“有没有”“是不是”“要不要”“对不对”“会不会”“能不能”的语句，其答案非左即右、泾渭分明，让人往往三言两语、进退维谷。而开放式提问常常运用包括“什么”“咋了”“哪里”“怎么样”“为什么”“告诉我”等词在内的语句发问，回答可以“放下包袱”“开动机器”，让人如沐春风、没有顾虑！

四、倾听孩子的心声

孩子往往表达得比成年人更直白，但是他却又对自己的情绪和需要缺乏梳理。此时，就需要父母和家人更有耐心地倾听、更能敏感地理解孩子，同时用你的倾听帮助孩子学会真实有效地表达出自己。

我们交谈时会发现，孩子总是像有“十万个为什么”一样，有提不完的问题。基于孩子的好奇心与求知欲，关于知识性的问题，作为父母的我们大多会知无不尽、不厌其烦地回答或者穷尽己力搜索。而有一部分问题，我们会发现怎么解答都不能满足孩子的“胃口”，这会让我们感觉到“无可奈何花落去”，甚至于“思考人生”！这不是异想天开吗？孩子是不是在故意“刁难”我？我拿这“熊孩子”真没辙了……

情景故事小剧场：可可的忧虑

8岁的可可问爸爸：“在我们的城市，有多少孩子被抛弃了呢？”可可的爸爸是一个公务员，他很高兴孩子对这样的社会问题感兴趣，于是他认真地查了相关资料，告诉了可可一些数字统计的结果，并对这个问题发表了一番

“自我感觉良好”的演讲。可可还是不满意，继续追问一连串的问题：“北京、上海被抛弃的孩子有多少呢？全中国呢？美国呢？全世界呢？”坐在电脑前查信息的爸爸有些抓狂了，他强忍住自己没说出“我忙着呢、别捣乱了”这样的话，而是走近孩子坐下来，专心地和可可谈话：“你为什么对这个问题这么感兴趣呢？”可可支吾着……爸爸一直耐心地微笑，可可憋不住了：“我们班上有个同学叫小鹏，他爸爸不要他了！”

“这样啊，你给我能仔细地说说嘛？”爸爸饶有兴趣地回答道。

“我也不太清楚，反正大家都这么说……说是因为他太笨了，学习不好，他爸爸就不要他了，从家里搬走了……”

“哦，他们这么说的啊！你是怎么想的呢？”

“我觉得小鹏太可怜了……听说他的爸爸妈妈因为他学习的事天天吵，还经常打他……”

爸爸同情地问：“嗯，看起来，你为小鹏感到难过了，是吗？”

可可：“虽然跟他算不上好朋友，但是我觉得……为什么倒霉的总是小孩子啊！”

爸爸惊讶了：“哦？为什么倒霉的总是小孩子呐？”

可可低下了头：“哼……大人自己心情不好，倒霉的也就是我们小孩子了……”

“哦，你再说说嘛……”爸爸一瞬间愣了，马上鼓励孩子继续说下去。

“今天放学的时候，我就晚出来一小会儿，妈妈就发脾气了，她说她忙得要死，又说我每天都是磨磨蹭蹭……反正说了我一大堆坏话……妈妈看到路边要饭的小孩儿，她说我再不听话就自己去要饭得了……”可可每说一句话，便看看爸爸。

爸爸歪歪头，笑了笑：“这样啊，听妈妈这么说，你伤心了？”

可可睁大眼睛：“嗯，我可不想变得像小鹏那样，太惨了……”

爸爸搂住了可可的肩膀，温和地问：“看来你是担心爸爸妈妈会抛弃你喽？我们保证不会的，爸爸妈妈都非常爱你，就算你偶尔做了错事，我们也只是希望你可以改正，即使批评你，也不代表不爱你了呀！你这个聪明的‘傻孩子’！”

可可还是有些委屈地点点头：“嗯，我相信你们也是爱我的，但是……”

爸爸继续耐心地问：“还有什么担心嘛？”

可可辩解：“不是的，你让妈妈别那样说俺了……好嘛？”

爸爸抬起脸笑笑：“哦，妈妈说的那些是气话，让你伤心，让你感到不安，是吧？那你可以先试着自己去和妈妈说说，好吗？你还可以告诉妈妈，这种时候怎么说，你才会容易接受！放心吧，你的妈妈特别爱你！”

可可“不依不饶”：“是的，我希望妈妈不要每次生气时……都翻出以前的事情再唠叨一遍，好像特别讨厌我似的……”

爸爸：“嗯，好的，你说出来很好，你可以把你的想法告诉妈妈啊，试着和妈妈好好地谈谈，肯定没事的……”

看过上面故事里的父女的对话，大家有什么感悟呢？其实，小孩子“无厘头”式的问题，往往包含着隐含的情感和需要，这样的信息需要我们更有耐心地去倾听。我们看到，可可爸爸的回应非常“简单”，他运用“嗯、哦、这样啊”等对可可的表述进行了有力地“配合”，并适时“追加”了“能多说说嘛”“你怎么想呢”等诸如此类的开放式提问，同时及时给予“你感到难过了”“还有什么担心嘛”等回应……我们发现，可可在这样的倾听与回应下慢慢地敞开了心扉，他从爸爸的回应中开始具体化地了解自己的情绪、发现内心的需要，并可以表达出来。总之，可可“心迹”的释放，赖于爸爸的“城府”之深！

情景故事小剧场：丽丽的愤怒

针对感受的回应，是非常重要的一点。丽丽“超级”喜欢的班主任老师调走了，我们来听听丽丽和妈妈的系列对话吧！

丽丽：“新来的李老师事儿特别多，今天放学了，她还把全班同学留下来训了半个小时。”

妈妈：“喔，你们怎么惹老师生气了啊？”

“我们没怎么样啊，是老师看我们不顺眼呗。”丽丽回应。

“怎么能这么说老师呢？没礼貌啊！”

丽丽撇嘴：“反正李老师比原来的刘老师实在差远了，我们全班同学都这样认为的！”

妈妈讶然：“全班同学都这么说！你也不能这么说，我给你说过很多次了啊——要尊重老师！”

丽丽不耐烦的样子：“好了好了，知道了，知道了，我写作业去了！”

很显然，上面的母女的这些交流是一段“无效”的对话，我们对这段对话是不是有着“似曾相识”的感觉？一个小男孩曾经跟我“悻悻”地说：我不想和妈妈说学校里的事了，妈妈常问我学校里发生了什么有趣和有意义的事啊？我说不了几句话，她就开始指手画脚地打断我或者长篇大论地教育我……后来，我干脆也不多说了，妈妈根本不是想听我说话……

与孩子聊天时，我们如果像雷达一样去扫描孩子说的话里有没有需要及时指出的“纠正点”，而忽略了倾听本身的意义，就会让孩子慢慢地对我们失去了表达欲，甚至渐渐地关上了“心门”。这对于家庭关系的构建是非常“可怕”的，这对于孩子成长的负面影响也必将是“深远”的！

针对丽丽所表达出的感受，假如丽丽的妈妈能够及时、正确地回应，不仅会很好地帮助丽丽表达出对前任老师的思念，还可以很好地疏解丽丽当时的情绪，更可以“循序渐进”地适应和接纳新任的李老师。与女儿“心连心”，做一个善于倾听的妈妈，才能与女儿“手挽手”地笑迎一切！我们始终要抱着理解和尊重的态度去倾听孩子，而不是一味地“传道”、一味地把自己的观点“填鸭式”地强“塞”给孩子！

情景故事小剧场：牛牛的观点

有一段网上流传的父亲与儿子牛牛的对话，这段对话所说的就是轰动一时的“美联航事件”，对话的走向完全没有按照“预想”来发展。爸爸的初衷很简单，他认为“日高日上”的牛牛的世界里不能仅仅是蜘蛛侠、哈利波特和变形金刚，他想尽早告诉孩子一个“不平凡”的世界！

爸爸：“牛牛啊，今天美国发生了一件大事。一架飞机坐满了乘客，机组人员告诉大家，因为四名工作人员没有座位，所以需要四位乘客改换别的航班！”

儿子：“啊——结果呢？”

爸爸接着说：“没有乘客愿意下飞机，机组人员说可以赔偿损失，赔偿数额从 400 美金一直抬到 800 美金，结果还是没有人愿意接受……”

儿子“打破砂锅问到底”：“再后来呢？”

“机组讨论决定进行电脑抽签，这样就抽出来四位乘客，其中只有一位乘客坚持不下飞机。机组人员无可奈何，于是叫来了警察……警察最终把这位已经六十九岁的老人从座位上拖了出去……经过争执和‘撕扯’，老人挺惨的，脸上都流血了……”

牛牛的爸爸讲到这里，顿了顿，接着问儿子："牛牛啊，你对这件事有什么看法吗？爸爸想听听！"

儿子毫不犹豫地回应："爸爸，这个老人为什么不下去？"

爸爸一愣，遂即道："他当然不愿意下去啦！因为他属于正常购票，而且已经坐在飞机上了呀！"

儿子："喔，那……可是，机组人员和警察让他下去啊！"

爸爸耸耸肩："我再给你举个例子吧，假如我带着你一起回北京，咱们已经登机，突然有个工作人员让你下去换航班，你下去吗？"

牛牛马上回答："您如果下去，我就下去。"

爸爸几近无语："这样，不说我……假如没有爸爸陪你，你一个人坐飞机，让你下去呢？如果换了航班，你恐怕要晚到北京几个小时呢！"

儿子："可以啊！我觉得早点晚点没什么关系啊！"

牛牛的妈妈一步赶到："牛牛，你下了飞机，换乘的是第二天的航班，你要在机场附近的酒店住上一夜，你也能接受第二天回到北京吗？"

儿子紧接着说："如果我有住酒店的钱，你们也同意我住，我就住呗！"

爸爸："不用你花钱，机场负责食宿，你愿意吗？"

牛牛呼了一口气："可以啊，为什么不愿意呢？"

妈妈叹了一口气："牛牛，我们再假设一下。你不是回北京，而是去度假。你换了航班，意味着在机场耽搁了一天，你也就少玩了一天，你难道也愿意吗？”

牛牛：“电脑抽签抽中了我，是‘公平’的，是把我的名字抽出来的，而不是故意说出来我的名字，我觉得我可以接受啊！”

我与太太“尴尬”地对视：“牛牛，你记住，在任何时候，举止粗鲁地对待别人都是不对的……我尊重你的看法，你也要记住我刚刚对你说的话……”

在成长的过程中，孩子会越来越多地“凸显”自己的想法或见解，她们有独立思考问题的权利和自由，我们不能强力“绑架”自己的观点给孩子。我们要坚信，时间和实践会让孩子越来越成熟！纪伯伦的诗里说：“他们属于明天，属于我们无法企及的明天。”时移事易，我们不要用我们的“浅见”去羁绊孩子的脚步；与时俱进，我们真的应该去好好地倾听孩子，让孩子奔放的生命与思想带给我们更多的活力与智慧！

五、如何做到真正用心倾听

1. 多问“启发式”问题

针对生活中的某件事，父母往往会告诉孩子：这是什么样的事？造成的原因是什么？你应该如何看待或者应该怎么做……这种“告诉”的初衷无疑是好的，但是却主观“划了圈”，似乎对于事情“定性”了，以致严重地影响和阻碍了孩子的思辨力与执行力的拓展。

告诉孩子发生了什么事、如何发生的、为什么会发生……旨在教给他应该思考什么，而不是如何思考？在这样一个让人“压力山大”和充满无限可能的时代，你的孩子不能不断地依赖一个又一个“长者”或“专家”指点迷津，而是要自己内强素质、外树形象，“运用脑髓，自己来拿”！

当你真正“饶有兴趣”地想知道孩子的想法和感受时，并且准备好愿意倾听时，才适宜问孩子关于“为什么、发生了什么以及如何发生”等诸如此类的问题。通过问孩子“发生了什么事、你认为这件事为什么会发生、你对此有什么感受、你自己得到了什么教育或收获……”你才能成为孩子成长道路上真正的“助推器”！

八岁女儿的自行车被盗了，我们来看看她的妈妈是如何来“审问”的？

女儿哭着回到家：“我找不到我的自行车了，应该是被偷了！”

妈妈扶着女儿的肩膀：“喔，看看我的女儿多么难过、多么苦恼！给妈妈说说当时的情况吧！”

女儿顿了顿：“我把自行车放在了萨莉家前院的草坪上……后来就不见了！偷车的人太可恨了！”

妈妈接过来说：“是的，这种人确实可恨！可惜，我们无法控制所有人，更无法让所有人都 OK！”

女儿低下头：“嗯……”

妈妈笑了笑，拍拍女儿的肩膀：“既然我们无法控制别人，就不如改变自己喽……从此以后，你能想到如何保护好自己的物品吗？”

女儿抬起头：“我再也不把东西随意放在外面了，我要学会分析和假设丢失的可能性……”

妈妈欣慰地说：“你有这样的感触，我很高兴！仔细想一想，你可以谈谈怎样做才能再拥有一辆自行车，以及如何保护它！”

女儿抬起头：“现在谈吗？”

妈妈慢慢地说道：“因为这件事情，我认为咱娘俩被搞得心情还不是太好，你认为我们需要多长时间才能‘化悲痛为力量’，然后可以理性、平和地谈这个问题呢？”

女儿好像愉悦起来：“明天怎么样？”

妈妈颔首，笑了。

当孩子告诉你一件事情时，或许你会忍不住为自己辩护和解释，并且对孩子应该如何感受或解决问题而进行一通说教。此时，请你千万不要插手干预并替孩子去解决问题，这恰恰是你帮助孩子对事情进行彻底思考并了解自身感受的大好机会。你可以通过问问题的形式来帮助孩子进行更深入地“探究”：“你能告诉我更多一些吗、你能给我举一个例子吗、你还有什么想说的吗、还有呢……”

多问几次“还有呢……”是非常有益的，一直问到孩子想不出更多要说的话为宜。你的孩子得到你的倾听和认真对待后，她会变成“碱金属”而调动自身的“性质”活泼起来。同时，在驾驭使用

“启发式”问题的过程中，孩子如果没有请求你的帮助，你就不要试图自动“请缨”！

2. 不要一味地批评孩子

教育孩子的过程中，很多家长往往奉批评的方式为圭臬，甚至以挑剔和刻薄的语言为“基调”。这种批评会成为一种无形的“杀手”，使孩子常常出现“心慌意乱”的现象，严重影响着孩子成长过程中的身心健康。

我们来看一看一位父亲与十二岁的女儿之间对话的“案例”吧！

父亲：“嗨！莎莎，在学校里过得怎样？”

“还好啦。”

“仅仅是‘还好’吗？”

莎莎噘着嘴：“嗯，我这次数学考试的成绩太差了，我快要疯掉了……”

父亲打断女儿的话：“莎莎，怎么搞的，这么糟——我原以为你能行的。你按照我说的那样去寻求老师或同学们的帮助了吗？好好想一想，莎莎，我想我的确没有看到过你为这次考试下了多少工夫呀？”

莎莎嘀咕着：“哼，给你说一说吧，竟然让我如此烦上加烦，我从今往后再也不会告诉你任何事情了……”

当父母问及孩子在学校里过得怎么样时，许多孩子一般会回答

“很好”或“还好”，其原因在于孩子害怕受到批评或指责。上面的对话中，莎莎的爸爸不仅“蛮横”地打断了女儿的话，而且还“严肃”地批评了她。莎莎的爸爸自以为是出于无与伦比的爱心，但是莎莎却感觉受到了“威胁”。莎莎的爸爸这种“挑衅”的倾听和回应方式，让他不可能与因数学成绩而产生糟糕感受的女儿实现“共情”。与此同时，莎莎的爸爸也失去了一个理解女儿或“同化”女儿的重要机会！

3. 从回答“哦、嗯、这样啊”开始

很多家长已经越来越认识到亲子沟通的确很重要、很关键，但是在“战术”上，大家觉得跟孩子沟通太难了！聊着聊着，孩子突然一言不发是常有的事，很多家庭为此变得“火气”冲天、剑拔弩张。

为了不做“聊天终结者”，建议大家可以真正熟练地使用我们的回应“三字经”：“哦、嗯、这样啊”。“三字经”是真正在倾听，并且等待着对方的表述，具有“不悱不发”“承上启下”的作用。想想我们成年人的生活中，如果你正在叙说一件事，有人却不断地打断你且急着“指手画脚”“评头论足”，甚至于“口诛笔伐”“唇枪舌剑”，此时的你还愿意继续往下说吗？你还能够“旁征博引”“意犹未尽”吗？其实，孩子和你都是对方的“镜子”，从“镜子”里，你应该可以看到那个“小小的我”！。

使用倾听“三字经”，一定是建立在认认真真地倾听的状况下，而不是敷衍和应付对方。“哦、嗯、这样啊”的回答，代表的是我

们对孩子的一种全神贯注的态度，也体现了我们负责任地对于孩子情绪的关注。

只有给予孩子专注的倾听和关注，才有可能帮助孩子把事情原原本本地叙述出来，才能帮助孩子在叙述中整理好自己的感受和情绪，进而有可能让孩子“眼睛向内”，然后找到自己“芝麻开门”的密码。

真实的表达

我们所讲的表达，不是叙事评论或阐述观点，我们要探讨的是沟通中有关情感和需要的表达。谈出或者表达出自己的感受，对于大多数人来说是一件困难的事。有人问你："最近过得怎么样？"你会回答"一般吧""还好吧""就那样呗"……某人逢上"霉运"，你问他其中的原委，他多半会更多地讲述事件本身，而对于自己真实的感受只是敷衍带过："我没事儿的""还好还好""总会过去的"……用微信聊天时，各种表情符号泛滥，你一个"哭脸"过来，我一个"板砖"过去，更是让我们真实的情感和感受往往深深地"蛰伏"或"埋藏"起来！

我们为何不善于或者羞于表达自己的情绪和感受呢？一方面是"爱面子"心理在作祟，表达出来会显得自己很脆弱；另一方面或许是因为曾经的"表露"受到过"创伤"；还有可能是我们还没有学会如何正确、准确地表达出自己的情绪和感受。在个体表达上，西方人一般更为直接开放，而东方人则彰显含蓄内敛，这也是我们"羞于启齿"的文化使然吧！

一、“情感表达尴尬症”

全国妇联中国家庭文化研究会联合欧派家居等机构发布的首份《中国式家庭情感表达方式》调查报告表明：中国家庭普遍存在“情感表达尴尬症”，调查数据显示，在受访者中：3 成人表示“家人之间不好意思说爱”；近 4 成人“想表达却找不到合适的方式”；只有 1/4 的受访者认为“爱需要表达——即使是家人之间”；14% 的被访者从未主动拥抱过父母；27.9% 的人从未主动亲吻过父母；8.2% 的人从未主动牵手过父母……而关于“爱的表达方式”的调查中，分为五种类型：“专心的陪伴”占 37.7%；“肯定的语言”占 28.3%；排在第三位和第四位的分别是“爱的服务”和“爱的礼物”；“爱的触碰”排在第五位。

南京大学社会心理学博士黄菡认为，以上种种源于中国人传统文化的含蓄基因，很多人在情感表达方面患上了“爱的尴尬症”，即“情感表达尴尬症”。所谓“爱在心中口难开”，不是“爱无能”，而是“爱尴尬”。“情感表达尴尬症”是无法顺畅地表达出自己的情绪和感受的，西方人的直接开放与中国人的含蓄内敛也只是表达方式的区别。

二、中国人的“含蓄”基因对情感表达的影响

中国人传统文化中的含蓄基因或者是个人的性格因素，让国人往往羞于表达情感。儒家思想宣扬“克己复礼”“尊卑有序”“谨于

言而慎于行”，这便会容易产生对表达个人情感和需要的焦虑。程朱理学进一步强化了伦理道德对人的约束，不鼓励彰显个性，个人需要被限制。我们的文化伦理道德一直极力要求做符合规范的事、说符合规范的话。生活中，我们往往很擅长说事、说理、说套话，而不敢或不会轻易地表露自己、表达心迹。难道说我们的传统文化就这样“禁锢”人性吗？其实，孔夫子同时又教导世人：“发乎情，止乎礼”。这是说情感是美好的天性，只要在“礼教”允许的范围里就好。后世的儒者不断地解读和传播圣贤言论，有一部分已经背离了原来的方向，甚至于“离经叛道”，“发乎情”亦不能正常而“发”。

五千年来，国人在自我情感表达方面大多是比较婉转和含蓄的，社会对我们的要求是理性、谦虚、宽容、孝廉等这类有益于社会和谐的性格特征，“小家”与“大家”要和谐统一，修身齐家治国平天下是君子的最高追求。我们太注重社会要求，而不去关注个人情感的需要，我们太善于用社会成就来衡量一个人的价值。中国长期的“农耕文化”，必然产生与之相应的上层建筑，如重血缘、重伦理、重人情、重实际、重等级等，提倡的是大局为重，讲究的是集体主义。集体主义就要牺牲个人的需要，这在一定程度上压抑了个人的情感。我们要带着时代的眼光去看待传统文化，误读的要更正，不符合需要的不套用。古往今来，文人墨客们借景抒情、借物铭志，极尽含蓄之美。我们每一个人都有表达情感的需要，你可以开门见山，也可以含蓄表述，所谓适宜、妥切最好，千万不要让自己处于无法开口的尴尬之中！

三、情感表达男女有别

男女的大脑相似，但控制感情的部位有些不同。在表达情绪和感受方面，女人好像天生就比男人擅长，这在幼童阶段往往表现得更明显一些。男女表达感情的方式不大一样：男人在感情冲动时往往付诸行动，而女人则更多地倾向于感情表达。女人的语言能力强，使用的词汇比较多。即使在微笑时，女人"瞅"对方的次数也比男人要多。女性的诸多特质有利于她们更好地表达情感。

人类进化过程中，男女的社会分工是不同的，男人是狩猎和稼穑的"主力军"，必然被要求"孔武有力""力拔山兮"；女人们往往聚在一起照料家园、"主持"家务，她们有更多的机会交流情感，也渐渐地形成了与男人不同的特质的期待。"男儿有泪不轻弹"，婆婆妈妈非"丈夫"，这是我们文化传承下来的"线性思维"。其实，"男人哭吧哭吧不是罪"，现代成熟、成功的男人往往兼具男女双重特质之美。男人的一半是女人，"怜子如何不丈夫"？

四、家庭中尴尬的情感表达

在家庭中，影响我们亲子关系、夫妻关系的主要原因就是沟通不畅、误解累积。我们抱怨爱人或者孩子不理解我们，为家庭"俯首甘为孺子牛"，却落了个"横眉冷对妻儿指"……其实，我们的痛苦往往就来源于没有好好地表达自己，却又有着与生俱来的一种被看见、被肯定的渴望，需要在温暖而真实的关系中与她们"联接”！这就好像《阿凡达》里面那句经典的台词“I see you”，意思是说：我看到了你、我懂你，我与你在心灵深处恰巧邂逅了……

1. 尴尬表达之“打是亲骂是爱”

平凡生活中，我们的“看见”也可以含蓄而美好。朱自清的《背影》中，父子之间的爱的表达是一袋橘子、是注视着父亲微胖的背影的那一刻……我们可以写一首诗抑或是一篇散文来表达对父亲的爱与思念，但是却难于当面启齿向他说出温暖的话。

现实圈子里，有一种歪曲的情感表达叫做“打是亲骂是爱”。人们习惯用责怪、抱怨、讽刺、甚至诅咒的语言来表达与爱有关的情感，民间管“亲爱的”叫做我家那个“杀千刀的”“老不死的”……真是爱之深恨之切啊！对孩子的关切，也往往是：“穿这么少想冻死自己吗”“再像上次那样，我可不管你了”“你不好好走路又摔成这样，是不是笨蛋”“你这么不知上进就是‘叫花子’的料”……这些话的初衷自然是关切，但听起来难免刺耳，让人如坠冰窟！

“打是亲骂是爱”“不打不骂才是怪”，这是老人教育孩子常说的话。伴随着这句话成长起来的我们，都会不由自主地“想当初”……中国式父母在爱孩子的时候，也通常会以让孩子成为一个合格的社会人为爱的目标。在这个动机下，亲子教育就会“异变”，从一个讲爱的环境，变成一个讲成就的环境。爱你，是为了你好，你好的表现形式就是学习好、性格好、能力强，在这些前提下，我认为你就一定是快乐和幸福的！

孩子背离了期望，就让家长有了“恨铁不成钢”的愤怒，爱就变成了另一种形式来“辅助”对孩子的教育。于是，“打骂”就堂而皇之地上场了，家长一般都会边打边愤怒地“叫嚣”：“知道我为什么打你吗？我是为你好！你现在不听话，长大还能有‘出息’吗？”

在亲子教育中，应当杜绝打骂，否则会给孩子造成不可逆转的心理创伤。打骂不是真爱，放手需要勇气。小时候我们接受了什么样的教育，而长大后，我们通常也会用什么样的方式去对待他人，这是一个小的轮回。“棍棒”之下成长起来的我们，而今要不要继续举起“棍棒”来“对付”我们自己的孩子呢？爱，是要让孩子幸福，幸福是孩子自己的心理感受，而幸不幸福却与父母有很大的关系。

2. 尴尬表达之“孝道与感恩的误读”

孝道，作为中国甚至是亚洲社会的一种文化传统或伦理规范，是非常值得大书特书的。孝道有助于社会的和谐和家庭关系的紧密，我们往往不好意思谈爱、谈情感的需要，而是谈孝道：“因为我们是你的‘白发爹娘’，所以你就要孝顺我们”“我养育了你，你就要感恩”“作为小辈，你做什么都是应该的”……

这种对于孝道的解读是有失偏颇的。孝顺与感恩不是“温良恭俭让”，或者给父母捶捶背、洗洗脚那样表面化，当然，一定的“仪式感”的行为也是需要和有益的。孝顺与感恩的真正“内核”是亲子之间的爱的流动，是人类共情能力的自然表达。如果把孝道和感恩变成一种礼教约束，就丢失了其自然而然的本质。其实，从心理的角度来说，我们需要更多地透视人性、相信人性，并且更少地去制约、更少地去说“必须”。

作为父母，我们有时候或许会对孩子说：“爸妈养你这么辛苦，你一定要听话、一定要好好学习、长大了一定要孝顺爸妈啊！”假若如此表达，我们好像就把付出的爱变成了有偿性和功利性的东西。那么“读书学习”也从自然的求知欲和对于实现自我的需要，变成了她们背负的对父母的责任。在她们想“做自己”的时候，就意味着她们背负了父母的期待和愿望，“做自己”几乎就等于“不孝顺”。这种单一的价值观与评判标准导致了很多孩子的焦虑与矛盾，这些要求和期望会紧紧地缠绕在孩子身上，这种压力和承担从某种角度上也抑制了孩子的独立选择与自由发展。有位心理学家写给女儿的一封信里说得真好：“我不会和你谈孝顺这件事，我相信我好好地爱你，以后的你也自然地学会了爱！”

3.“爱在心中口难开”是一种情感防御

家人之间的爱，发自内心，刻入骨髓。如此深沉的爱，需要超高的情商才能够表达出来。不要心里明明爱得不行，嘴上却是“恨铁不成钢”“山雨欲来风满楼”，我们不要做“刀子嘴、豆腐心”的“好人”，而要做善解人意、善于表达的“先行者”。

一个朋友从小到大，看着父母吵了几十年的架，吵起架来讽刺挖苦满天飞……这个朋友遇到了自己的爱人，结婚之后的她竟然也开始不由自主地抱怨挖苦起家人来……但是老公的原生家庭非常和谐，公公婆婆之间总是温言细语、相互欣赏……我的这位朋友“幡然醒悟”，原来如此这般才是表达爱的最正确的方式啊！她一直想不明白，自己的父母一直“势如水火”，三天一大吵、一天一小吵，可是为什么竟然也做到了“白首不分离”……那或许是爱的一种“另类”的表现方式吧！但是这种如此纠结、如此“震动”的爱，是我们应该摈弃或者需要去改善的。

好好说话

好好说话，就是要真实地表达情绪与感受、坦诚地表达爱与需要。让我们一起来尝试如何更好地表达自己，如何对爱人和孩子提出“请求”……这里是“请求”，而不是“要求”，因为我们需要尊重作为独立个体的孩子，她们也拥有自己鲜明的自主意识，而“请求”可以更好地体现平等与尊重，也可以最大限度地减少孩子的逆反心理。对于爱人、亲朋、同事和孩子，一个“请”字，让你的诉求和需要往往会更容易被满足。

一、如何表达感受、情绪

对于感受和情绪的表达，国人的羞涩是流淌在血液里的，基于此，我们做出的调整和努力可能需要更大一些。

1. 学会感受自己的情绪及需要

今天你的身体感受如何？

你会很容易地回答：很舒适、很轻松、心跳平稳、呼吸顺畅、有些鼻塞和头痛……

如果有人问你："你当下的情绪感受如何呢？"

也许你会这样回答：我现在挺好啊、我没什么情绪啊、我心里没事啊……

在实际生活中，我们似乎真的习惯了忽视甚至否认自己的情绪和感受。一个忽视或否认自己感受的人，一般也很难承认和接受别人的感受。网上有句流行语："在意自己羽毛的人，也回头看看别人的伤口。"这句话大意说的是太在乎自己的感受，而不去管别人的"死活"。那些特别在意自己的人，恰恰无法真正地感受到自己。他们看起来很自私、很矫情、很自我，但其实对自己的感觉是混乱不堪或者模糊不清的。他们往往会对他人提出很多要求，却并不知道自己真正的需要是什么？这就好像小孩子哭闹着要好吃的东西，你问吃什么呀？这个娃却说不知道！你递过去苹果，他生气地扔到一边去；你买给他糖果，他气鼓鼓地摆手拒绝……你嫌他无理取闹不懂事，其实此时你应该深入地去"懂"他：他只是不知道或者无法表达出自己想要的妈妈的那份关心，他以此吸引妈妈的目光，他或许想要的仅仅是一个温暖的"抱抱"！因为缺少某些东西，所以他只知道自己用发脾气的方式来获得。

一个能够真正地感受到自己的情绪和需要的人，往往拥有更强的共情能力，共情能力其实就是设身处地理解和感受他人情感的能力。通俗来讲，共情就是把我当做你，也就是我们常说的将心比心、感同身受！拥有共情能力的人，更容易理解和接纳别人的情绪和需要。

如何提高孩子的情绪感受能力？父母要示范并引导表达感受的方法，保持开放的态度，允许孩子表达，也允许孩子探索，尤其要对孩子的话语表达兴趣，而不是忙着纠正或求全责备。我们要让孩子觉得表达情绪和感受是一件安全或有益的事情，孩子也就变得更有能力和意愿说出自己的感受。

如果成长的环境是充满评判和限制的，孩子在说出自己的感受和想法时，就会变得小心翼翼、战战兢兢……因为孩子不知道哪句话就会招来指责“漫天”。为了避免这种“尴尬”和不舒服，孩子就可能慢慢学会收起自己真实的想法，只去说可能“安全”的话，甚至是不表达。语言功能的不自由，实际上代表的是内在自我表述功能的受限或挫伤。

2. 表达感受使用“我”字句

以“你”开头的字句，往往隐含或充斥着指责、抱怨的表达方式。以“我”开头的句子，往往适用于情绪情感的表达。我们要学会表达自己的感受，更要学会对自己的感受负责。以“我”开头的句子，并不是训练以自我为中心。“我”的感受，其实与“你”无关，以“我”字句开头来表达感受，能够更容易使对方自然地接受。

“我”字句的主语是我，宾语是感受本身，没有指责评判，只是表达我的感受。比如把“你真令我失望”改成“我”字句怎么说呢？千万不要说“我感觉你令我失望”“我感觉你伤害了我”等，正确的表达应该是“我感觉很失落”“我感觉遗憾和伤心”等。在表达过程中，与对方无关，你只是在表达你个人的感受而已，也并没有人需要对你的感受负责。对于同样的事情，不同的人会有不同的感受或者不同的情感反应。你是唯一要对你的感受负责的人，你可以表达出你的需求和理解，但不能因此而指责对方。你就是你，别人就是别人，人与人的感受自我“消化”、泾渭分明。

3.“具体化”自我感受，命名感受到的情绪

表达情绪或者感受的前提，是需要对那些情绪进行及时、正确地命名。命名情绪的能力，来自成长中养育者的镜映。如一个吃饱的孩子躺在妈妈怀里笑，妈妈会说:“乖宝宝吃饱了，好开心啊! ”于是，孩子就在母亲的镜映中学会了什么样的感觉是“吃饱”和“开心”。

在生活中有情绪的时候，你不能简单地说“我不舒服、我就是不舒服”，你要学着去体会和分辨情绪的“属性”，是内疚？是失望？还是尴尬……这些情绪你“曾经有过”吗？你曾经在什么样的情境中体会过？此时，可以把那个情境“分享”出来，然后用更长、更细致的话语去尝试着表达和沟通，直至你确认对方完全理解了你的意思为止。

对于情绪的命名，我们首先要了解足够多的情绪词汇，以免用时恨“嘴笨”！我们可以和孩子一起收集各种描述感受的词语，不拘一格地让我们的感受能够表达得更为丰富和精准。拿着同一个“表情图”，你去问询孩子们其代表什么感受时，你就会发现，你得到的答案林林总总，真是“一千个人眼中有一千个哈姆雷特”！学会感受和尊重这些不同，我们便会渐臻于“和而不同”。

4. 不攻击不回避，学会吐露

根据“Wile”的理论，在亲密关系中，当我们想要表达自己内心的情绪或者担忧时，有三种方式：攻击、回避或者吐露。正常情况下，我们会选择前两种，攻击和回避就好像高压水龙头那样强劲地喷射出来。如果水管被堵住了，水压会急剧飙升，以致不知会冲破哪里而“另寻出路”了。

“吐露”这个词还是挺有意境的：涓涓细流、迤逦流淌，彰显在你面前。这恰恰是传递情绪的一个关键：不夸张、不回避地描述着你的感觉。对于正面情绪和负面情绪，“吐露”是一视同仁的，它不能仅仅表达愤怒、伤感或恐惧，也不能单单铺陈爱护、欣赏和需要。

当我们担心对方不重视自己时，这三种方式会如何表达呢？

攻击的表达方式：“你从来就不会去做那些我想让你做的事”“你为什么总是这样不紧不慢”……

回避的方式：表现出一切都好，但会把猜测放在心里，独自生气、疏远对方，或者以同样的方式来对待对方，以致把别人越“推”越远，甚至出现“鸿沟”。

吐露的表达方式：“我有点害怕”“我担心你不在乎我”“你这样不紧不慢，让我担心是因为你根本不在意”……

5. 选择表达的方式

对很多人来说，直接表达爱或者恨的情感，都是困难的。

当我们表达爱时，也意味着我们需要对方，这会让我们感受到自己的虚弱，这是很多人都想回避的情感。当我们表达爱时，同时也冒着被拒绝、被冷对的风险，而表达恨的情感，也面对着被惩罚、被抛弃的可能。因此，为了“高枕无忧”，很多人选择了不表达或者是迂回表达，这当然会阻碍沟通的顺畅和达成。

除了利用语言表达外，我们还可以加入两个“神助攻”：眼神注视；身体接触。

眼神注视

在日常的社会交互中，来自他人的注视是一个包含丰富信息的信号。“眼睛是心灵的窗口”，眼睛是我们获得信息的“先锋”器官，同时也是我们表达情感、传递信息的重要工具，它作为面孔的重要组成部分在社会交流中起着至关重要和无可替代的作用。

凝视或注视，已经被证明是传递情绪的好帮手，当你注视另一方时，会让对方感觉到她自己是被欣赏的、被注意的、被理解的。注视对方的眼睛，能够帮助你在难以用语言交流时打破僵局、“转危为安”。

身体接触

人类和生物进化史上，以身体接触来表达感受、交流互动，已经“传承”亿万年之久了，可谓“源远流长”！如单细胞动物的鞭毛“碰啊碰”，结果碰出了“火花”、碰出了“姻缘”。从分子生物层面或神经学层面，语言交流远不如肢体互动所激发的脑活动量大，大脑对于肉体接触的反应显然更敏感、更直接、更激烈。从这两个层面上来说，身体接触更接近于本能。

身体接触（如拥抱、牵手、抚摸、拍打、按摩等）会“显著”提升情绪的表达。婴儿时期，就需要母亲的触摸来让“宝宝”感受到“我在这儿你很安全”；成人之间的亲密关系中，触摸、拥抱等身体接触，不仅能提高催产素、多巴胺水平等，还能有助于舒缓心跳、平复心神……当你不知道如何去用语言表达情感的时候，身体接触或许是开启交流的好办法。我们在电视剧中经常会看到这样的镜头：两人终于相见，相对无语，只有泪千行！两个人只是紧紧地拥抱相依，一切前嫌尽释，“此时无声胜有声”！

二、表达需求，提出请求而不是要求

提出需求，是我们每天都在做的事情。有时候，我们会发现自己的需求总是得不到满足或重视，我们随之就会产生被挫败的情绪。因为“害怕”这种负面情绪，我们进而会用一些奇怪的方式来表达需求，如恐吓、贿赂、挖苦等。

1. 恐吓

爸爸：“你如果再这样不知节制地打游戏，我就把电脑砸掉！”

这种提需求的方式，我们能明显地感觉到是爸爸在恐吓孩子。恐吓带来的结果是什么呢？是亲子关系的破坏，是不良行为的反复出现。

2. 贿赂

妈妈:“这次考试，如果你能考到前十名，我就同意让你在暑假里和朋友去旅游。”

这种提需求的方式，会导致双方“讨价还价”“欲说还休”，从而使得孩子只是关注眼前的“利益”，却不能为长远和正确的目标而持续努力。

3. 挖苦

爸爸:“就你的这种敷衍的态度，长大了也是一事无成!”

不管有意还是无意，我们都不能贬低孩子，这样做只能会影响甚至破坏孩子的自尊和自信。

三、如何提出恰当的需求

在表达需求之前，我们要达成共识:我们要对自己的需要负担全部责任!我们拥有表达需要的权利，对方却没有一定要满足我们需求的义务!没有人亏欠我们，也许仅仅在物质上可以成立。你的付出和别人得到的永远是两回事，感情的亏欠其实是不成立的。所以请在表达需要前树立“我是唯一必须对我的需要全权负责的人。”因此，你要“凭据”坦诚尊重的心态来“吐露”你的情绪或者向对方提出请求。

1. 需求是公开、坦诚、可协商的，且使人没有任何压力

不管你提出需求的对象是谁以及你的需求是什么？你同时也要考虑对方的需求。如果需要孩子在一定的时间区间内不看电视，我们可以这样说：

“宝宝，今天晚上六点半演《小猪佩奇》，你是不是很喜欢看这个片子啊？”

孩子高兴地回答：“嗯，我想连着看四集！”

“啊！你想连着看四集？你们老师经常讲，说长时间看电视对眼睛非常不好，你还记得老师说过的话吗？”

“记得啊，老师说长时间看电视容易佩戴近视镜！”

“那你连着看四集，时间好像有点长啊！”

“可是——我想‘一口气’都看完啊！”

“原来如此呀，但是妈妈很是担心你的眼睛啊，可不可以请你想一个‘两全其美’的办法呢？比如……”

在这里，妈妈首先表达了自己的感受和担心，然后提出了请求。对于大一些的孩子，我们完全可以使用开放式提问，给予充分的自主性；对于较小的孩子，我们可以适当给出可选择性的方案。我们提出的需求，必须是在尊重孩子需求的基础之上的，并且需要说明需求背后的原因。我们切忌简单粗暴地给孩子“画地为牢”，一味地强迫孩子听从于你，直接消弭了孩子与你“协商”的可能和

机会。

2. 需求尽可能简单明确

你的需求，不要让别人猜测或揣摩。

如果你没有说出自己的需求，别人一般很难猜得到。不能说清楚自己的需求、你不能被满足也是非常正常的一件事。因此，你的需求应该是简单、直接和明确的。

回到家，想让太太为你煮碗面吃，你应该说："老婆，现在有空吗？我饿坏了，'劳驾'你给我做碗面吃，好吗？"你绝对不能这样对老婆"吆喝"："老婆，你怎么这么懒啊，在家就知道看电视剧，你就不能早一点去做饭吗！我现在吃啥呀？"后面这种表达导致的"剧情"将向何处发展？毋庸置疑，不是"河东狮吼"搞得"鸡飞蛋打"，就是"摔门而去"陷入"马拉松"式的"冷战"……

3. 需求是现实的

我们提出的需求必须是可实现的，是充分建立在现实基础之上的。

对于一个非常忙碌且马上准备出差一段时间的丈夫来说，妻子想要表达出自己需要丈夫的"在意"和关心："老公啊，别出差了，你都好久没陪我出去了，我想让你这个周末陪我去转转，你看人家小丽的老公多听老婆的话……"这样的要求，显然是不太现实的，更没有考虑对方的需要。作为妻子，正确的说法是："亲爱的，你放心出发吧，我想你将来有时间的时候再陪我吧！出差在外，别忘了及时给我打电话啊！虽然你远在异乡，但是能听到你的声音，我也会非常开心的！”

4. 需求必须是积极和肯定的

请跟随我的指令做事：“请大家绝对不要在大脑里想起一头粉红色的猪！”事实上，我们的大脑是图像化思维且不接受否定的指令，此时的你一定想到了一头粉红色的猪，至于是“小猪佩琦”还是“阳光灿烂猪八戒”，就全凭你“天马行空”地想象了……

如果需要孩子写作业的速度加快一些，你就直接说“我希望你写作业的速度加快”，而不是说“你做作业不要拖拖拉拉的……”

“爱”要行动，更要言说，说出需求，只说你想要的。我们每个人都要能够表达出自己心中那个积极和肯定的“需求”，同时让对方确实能感受到，这样就可以更好地对自己的感受负责。你最大的责任不是去承担他人的生活，而是完全接纳和拥抱真实的自己。

高品质的共情

共情，是我们要探讨的沟通中最重要的一个要素。社会学上称共情为同理心，简单地说就是设身处地理解他人的感受。心理学家罗杰斯也指出：共情指的是体验他人内心世界的能力。

有了共情的能力，我们彼此沟通才能更接近于真实的理解，而不是在自以为是的世界里“转圈子”。在心理咨询中，共情的治疗作用不可小觑。有研究表明，在一个共情能力强的老师的课堂上，共情与理解的氛围会显著提高学生的学习效率。对于父母来说，与孩子共情可以给予孩子安全感，也可以提升孩子的自尊心、自信心以及情绪的调节能力等。总之，笔者认为高品质的共情胜过一切眼花缭乱的说服教育，而孩子对共情能力的学习基本上来自于早期对于父母的模仿以及被理解的体验。

设定一个小情景，我们来看一看三位路人的共情有什么不同！

在一个深秋的充满寒意的傍晚，一对父女蹲坐在街头，地面上用粉笔写了很多字，大意是说：五岁的女儿得了怪病，来京医治，现在已经身无分文、走投无路，希望路人伸援手、献爱心……路人行色匆匆，很少有人多看这对父女一眼。

一位女士停下来，扫了一眼地上的文字，叹息了一声，从钱包里掏出一些零钱，小心翼翼地放进父亲面前的罐子里，即匆匆而去。父女两个人连声说着“谢谢”！

一位老奶奶颤颤巍巍地停下来，絮絮叨叨地对这位父亲说：“你们这样也不是办法啊！现在骗子多，没人相信你们的！瞧瞧孩子冻得……哎，作孽啊……孩子她娘呢？今天降温，你们爷俩赶紧找个地方暖和暖和去吧！前边有个派出所，你们去那儿将就一晚上吧……”这位父亲尴尬地点点头，挤出笑容的面庞迅速地恢复了木讷。

一个中年男人驻足看了一会儿，蹲下身，把一些钱放进罐子。父亲“啄食”状点头道谢……中年男人并没有起身马上离开，而是看着这位父亲那张颓败和呆滞的脸，说：“我也是一个父亲，我能想象出你此时此刻的心情，如果换作是我，我估计自己早就撑不下去了，你非常坚强！兄弟，祝你好运，再见！”男子朝父亲伸出了手……这位父亲犹豫着，颤抖着和中年男子的手握在了一起……

很显然，上面中年男子的共情指数最高，他真正“赢得”了这对父女的心！

一、共情是天性还是能力

1. 镜像神经元

20世纪末，在意大利帕尔马大学的一个研究室里，实验操作台上的一只猴子被实验开启了脑壳，并且为之插上了各种探针，这是研究人员欲对其进行大脑运动区域的研究。这个过程中发生了一件有趣的事情，一个研究人员因“嘴馋”吃了一颗实验用的坚果，结果监测设备竟然显示：猴子的脑神经中负责抓取与吃东西的神经元也兴奋了起来。研究团队最后确认：猴子的确是通过人做抓取坚果的动作，从而在自己的脑中真实地呈现出该行为，这和它自己抓坚果来吃是一样的。鉴于此“重大”发现，研究人员正式将这组神经元命名为“镜像神经元”。

“镜像神经元”是我们可以迅速地理解他人意图、体会他人情感的生理基础，也就是说，我们作为观察者可以经历与被观察者一致的神经生理反应。生活中，这样的现象俯拾皆是：当看到别人打哈欠时，在不知不觉中，你可能不由自主地被传染；聊天时，别人乐得哈哈大笑，你往往也会情不自禁地笑逐颜开……

2. 同理心文明

共情或者同理心被认为赋予了人类进化上的优势，是生物出现群落时就开始“进化”出来的特征。我们的孩子如果能够理解他人的感情，才能学会尊重他人、关心他人、体谅父母，才能在别人难过的时候给予安慰、爱护小动物、大方不自私、友爱不霸道，才能拥有一个健康健全的心理……作为群居物种，与他人共情的能力，可以提升我们对整个集体的责任感，同时也让我们更好地理解他人的感受，无论在远古还是当代都是如此。共情能力是情商的重要组成部分，它是在区分自己和他人的前提下，进入他人的世界，想他人之所想，感他人之所感。

美国有一本叫做《同理心文明》的书，讲述了人类文明与社会发展中同理心的作用。在这个严重消耗能源、高度互联互通的世界，全球性的同理心正在形成。见微而知著，每一个人的同理心“建设”，直接映射着社会文明的“进程”！

3. 共情“从娃娃抓起”

从心理学的角度来看，能够形成同理心通道的第一条神经通路形成于幼儿时期。婴儿学会读懂身边人的表情并加以模仿，以使自己的情感需求得到理解与回应。幼时的“经历”塑造了人类共情的能力，比如那些安全依恋型的孩子一般更容易表现出同理心。由此看来，共情是我们基因中携带的天性特质，又是一种需要后天不断学习及发展的能力。

二、理解共情

1. 真正的共情

同理心和同情是一回事儿吗？二者有着本质的区别。同情仅仅是站在“我”的立场上看“你”的问题，“我”觉得“你”挺可怜，故而安慰安慰“你”，这是一种怜悯。双方所处的位置不同，不能平等交换身份。同情不一定会对对方的感受有着理解和体会，反而很可能使人们慢慢疏远。而共情是设身处地站在对方的角度上去思考和体会对方的内心世界、理解和认同对方的内心感受，它能促进人际情感的联系，使人与人之间从“肩并肩”“手拉手”向“心连心”递延和发展。

有人在深渊中呼喊：“我卡在里面了，又黑又冷，我受不了了。”你若爬到深渊中回应：“我理解你此时的感受，你现在并不孤独。”对方心中感到温暖亲切有力量，这叫共情。你如果在悬崖上喊：“咋了，你可真倒霉啊！”这充其量叫做同情！在前面，我们讲到的父女俩在街头寻求帮助的情景中，给了零钱马上离开的女士就是出于同情心，同情心是较好的环境或位置中的人对较差的一方的怜悯；中年男子并没有高高在上、怜悯施予，他的“综合表现”便是同理心，是真正的共情；老奶奶的热心里面有很多的建议，包含着不接纳、评判性的态度，甚至可能还有过度热切的“拯救”情怀，这不是共情，也不是完全含义上的同情，我们姑且配以网络时髦名词：“圣母心”。

怎样做才能做到真正的共情呢？

观看情感热剧，我们会随着主人公的喜怒哀乐而“入戏”。欲“实现”共情，我们只需“换位思考”，让自己身临其境般去感受。有个故事说妈妈带着孩子在圣诞节的前夜去逛街，人潮涌动，热闹非凡，孩子却一直哭闹着要回家。妈妈耐心劝说亦无可奈何，索性蹲下来欲将孩子抱起，此时的她与孩子的位置是“平行”的！她发现了在孩子眼中不一样的“震撼”的景象，触入眼帘的是林立的长腿、涌入耳膜的是无边的喧嚣……于是，妈妈完全理解孩子为何哭闹不止了！蹲下身，尝试着离开自己的立场、视角去观察和思考，设身处地地去理解和关怀，这就是共情的第一步。

共情的第二步，是拥有尊重和无条件接纳的态度。共情的目的是理解，高品质的共情是让对方感到踏实和安全。比如，9 岁的小男孩给你讲述了他在学校被老师当众批评的“洋相”，你是急于教育这个孩子还是气愤地指责老师呢？你的“教育”和“指责”仅仅是站在自己的立场上罢了，即使你觉得你是在替他“出气”，但是你的感受始终不能替代他的……此刻，你需要先让自己放松下来，试着把自己带入小男孩的角色，跟随他的讲述进入“事发场景”。你尊重他的感受和态度，不要急于评判或者建议，只是试探地去共情他、接纳他。即使男孩述说老师和同学的万般不好，你也不要制止或纠正，不要把自己的感觉强加给他，而是理解并且帮助他梳理情绪，是愤怒、委屈？还是失望、惭愧……是这样吗？共情开始都不是精准的，也不是“速成”的！你努力想要理解、接纳对方的态度，本身就是在营造一种共情的氛围！通过不懈地“努力”，他自然而然产生某种积极的情绪或行为来回应你，你会感觉到距离成功共情已经很近了……

共情的第三步，说出他没有说出的或者他自己也不清楚的潜在的情绪和需要。做到这一点的难度比较高，但我们应视其为一个不断练习、不断升级的进阶目标。只要跳出自己的立场、局限以及想要改变的期待，我们就能了解到对方或家人深层的需要。峰回路转，柳暗花明，某一时刻某个人真正看到了你内心深藏的感受和渴望，你的内心会有“久旱逢甘霖”的感觉，你和对方也将会愉悦地“执子之手”“惺惺惜惺惺”。

2. 共情的层次

怎样衡量高品质的共情呢？

迎面来自对方的真实的反馈，你便可以知道自己的“共情”如何了？我们不要一味强调追求那种最高层次的共情，我们且从简单和真挚做起。

一位朋友打电话向你哭诉：“我开车刚刚与前面的车‘追尾’了，人没有受伤，但是把我吓坏了！这是这个月第二次‘倒霉’了，我真的不敢再开车了……我老公还在电话里把我狠狠地骂了一顿，我感觉自己真是笨啊……”听此言语，你作何答？

我们先看看普通的安慰：“没关系，人没事就万幸了”“周末我陪你去庙里请个平安符吧，挺灵的，我之前也是出了两回事儿，自从车里挂上平安符，没事了”“哎呀，别理你老公，他就一‘理工男’，情商太低了！你一点都不笨，比我强多了”……当一个人陷入自怨自艾的负面情绪时，她需要的不是“心灵鸡汤”或者指导性的建议，这种“性质”的安慰和建议只会让人觉得更闹心、更“添堵”！

初级的共情式回答非常简单，你可以抓住她自己使用过的跟情绪有关的词来“呼应”她：“听起来，你真是吓坏了，好像还惊魂未定呢……”如果想做得更好一点，最好在对方向我们讲述后，我们再多提一些问题，并询问一些具体的细节和感受。同时，我们不要在“挥手之间”就代入自己的经验和感受，因为这仅仅是你把自己的想法和感受“一厢情愿”地投射到别人的身上而已。

我们可以试着这样提问：“到底是怎么发生的啊，你能说说当时的情况吗”“你刚才开车是去哪里啊”“这是在什么情况下出的事呢”“上次的事故是怎么一回事啊”“你怎么会觉得这是‘倒霉’呢”……我们这里的提问不是出于“八卦”而刨根问底，而是为了更好地设身处地地去理解她到底经历了什么？这其中所包含的不单单是现实的经历，更重要的是内心情感的经历与变化。

后来，这个朋友又补充了事故前后的一些具体细节：孩子突然肚子痛，她是接到孩子的班主任的电话便去学校接孩子了！丢下单位的事情，她非常着急，开车即走。一路上，同事的电话不断，向她协调和处理工作上的琐事。她有些烦躁，再想想老公这个月一直在出差，自己在家庭和单位之间就是“两点一线”，忙上加忙，“压力山大”……上次开车出事，也是因为急着送孩子上学……想想就后怕！为了工作，为了家庭，自己工作很卖力，但每次诉苦，老公总是不耐烦的样子……所有事情都要靠自己了，可自己好像总是做不好，郁闷啊……

此时，对发生在朋友身上的‘追尾’事故，你便有了更为全面和清晰的理解了！你可以试着这样“共情”她：“最近，你的确身心疲惫，一个人要应付那么多事，难免开车时会走神啊！这个时候，你非常需要有人可以理解你、帮助你……”

共情的角度和方法可以不同。但是，一个高品质的共情可以让对方很快地放松下来，让对方感觉到安全和被接纳，让对方感觉到自己并不是“笨”或“倒霉”。高品质的共情能够让对方觉得这一切合情合理，是可以接受的。

三、如何与孩子共情

通过上述探讨，我们知道共情就是通过用心倾听、设身处地去感受对方的感受，并把所感受到的情绪、情感真实地反馈给对方。

无论多么努力，你可能也永远无法真正地了解另一个人的全部感受。我们需要尊重孩子的感受，在孩子那里很可能是非常不同的。我们应该怀着敬畏之心去理解、去共情，也接纳自己可能出现的无能为力。有位老师说过：“共情是对人类共同悲剧命运的深刻理解。”这句话带有一些存在主义的哲学意味，用我们经常听到的一句话来表达就是：“因为懂得，所以慈悲”。真正的慈悲，不是高高在上的施舍和怜悯。高位对低位的救助可以称为慈善，但慈悲才是真正的共情。你不要完全认同了他的感情或者说完全卷入到那个情绪里。如果别人对你讲了一件非常悲伤的事情，你哭得比他还要伤心，他却转过来安慰你，这说明你已经不是在感受他而是更关注于自己了。你需要始终在一个客观的、相对中立的位置上，可以真正地理解、帮助他。如果你始终处于自己的情绪的漩涡里，最后还需要对方来安慰你、理解你，你便脱离了共情的范畴。

有这样一个案例：因为一件小事，一个小女孩在学校里被误解和冤枉了。妈妈听后又生气又伤心，恍然想起了自己小时候相似的经历……妈妈越想越委屈，不觉悲从心来，一把鼻涕一把泪。小女孩反而像个“小大人”，又倒水又递纸巾，不停地安慰着妈妈。这个小女孩不仅没有能从被误解、被冤枉的“渊薮”中走出来，也没有得到妈妈正常和熨帖的安慰，反而很可能心怀内疚，觉得自己“害”妈妈难过了……试想一下，这个小女孩如果再遇到“如此这般”难过事，她多半会选择默默忍受，而不敢再对妈妈讲了，她就会慢慢演变成一个报喜不报忧的“小大人”。共情始终要关注对方，但不要过度卷入自己的情感，你的感情只是与她共鸣而已。

通过一些情景对话，让我们来真正地示范练习：共情式倾听、共情式提问、共情式重述、共情式情感。

对于孩子的提问，我们不能只关注问题本身，更不要急于解决问题。很多时候，孩子提出的问题都可能有隐含的内容。前面我们曾经提到过一个孩子的提问，他是纠结于全国甚至全世界到底有多少孩子被抛弃吗？他当然不是“先天下之忧而忧”！其实，他只是担心自己被抛弃罢了。

七岁的甜甜举着自己画错了的一幅画，问妈妈：“我画错了，怎么办啊？”

“怎么了？哪儿画错了？看起来画得挺好啊！”妈妈微笑着认真作答。

甜甜的嘴噘得老高：“就是错了，这个花丛不应该画在这儿，颜色搭配也不合适……”

妈妈顿悟状：“喔，画错的就这样一个小角啊，你要是不说，我还真看不出来呢！你说你想画什么？别着急，咱们想想办法。”

妈妈看着甜甜接着说：“河画在中间吧，河边上长满花不正好吗？”

甜甜带着哭腔：“不行，那样不好看，河就要画在最底下，花也没画好，太难看了……”

旁边的爸爸着急了：“行行行，别哭了，多大点事啊！别画河了，我看这花挺好看的，就画个大花园吧！你不是喜欢芭比住的城堡吗，对，再画上城堡，多漂亮！”

甜甜哭了起来：“不行，绝对不行，我就想画河，河就要画在最下面，呜……我没有画好！”

妈妈把爸爸推开：“好了好了，别哭了，妈妈有好办法了！咱们把错了的那一点裁掉吧，这样不就得了！”

爸爸：“对对对，咱就裁掉一小块，爸爸给你拿剪刀去！”

甜甜愣了一下，继续喊：“俺不要，裁掉一小块，画纸就太小了，没法画了……”

从上面的对话中，我们是不是觉得这个叫做甜甜的孩子太让人“搓火”了，怎么就是说不通啊？换一种方式，重新来一个共情式的对话，我们来看看是一种什么样的“景象”呢？

甜甜：妈妈我画错了，怎么办啊。

妈妈：哎呀，画错了，哪里画错了？你说说看。

甜甜：这里，还有这里，画的好难看，颜色也让我配错了！

妈妈：哦，你对画的花不太满意，是吗？

甜甜：嗯，不满意，太丑了，我本来想画一条河在这里，但是却先画了花，河没地方画了，咋办啊？

妈妈：哦，你说得对，本来想在下边画河，那画上的花是有些碍事了！

甜甜：嗯，我画错了，真麻烦，我该怎么办呢？

妈妈：是呀，是很麻烦，怎么办呢？

甜甜：我也不知道！妈妈，您说怎么办吧？

妈妈：我的确也不知如何是好，你自己能想到别的办法吗？

甜甜：妈妈，我能换一张纸……重新画吗？

妈妈：哦，换一张纸重新画啊，如果你觉得这样最好，那就换呗！那么小声地对我说——你担心什么呢？还有什么事吗？

甜甜：我担心爸爸说我，上次……爸爸说我浪费纸张，还说那都是“森林资源”呢！

妈妈：哦，虽然你担心爸爸再次说你，可是看起来，你确实很想换一张纸重新把这幅画完成啊！

甜甜：是的，画好这幅画，我想明天把它送给同学的……我想把它画得好一点……开始没想好怎么画，就动笔了，所以画错了……

妈妈：嗯，这样啊，我明白了，自己没想好就下笔画了，看得出来你很后悔！想重新画吧，又浪费了纸，也不环保，所以担心爸爸批评你，对不对？

甜甜：是的，以后我一定想好再画！这次，我可以换一张纸重新画吗？

我们由上面的对话可以发现，因为一张画引发的“谜团”原来如此简单！

甜甜的妈妈只是倾听、回应、提问，她没有“绞尽脑汁”地帮孩子，问题就“迎刃而解”了。生活中，如果发现孩子提问而让我们无法“满足”时，就要给自己“喊停”了！不要再试图证明自己是无所不能或者“神奇”的家长了！其实，孩子的心中早有“乾坤”，只是由于各种原因没有“直抒胸臆”而已。因此，作为父母，我们不妨“傻”一点，换一副“我也没办法”的“呆萌脸”，你就会发现，原来事情也可以变得如此简单！甜甜的妈妈没有“批评”、没有“建议”，而却有“鼓励”和“提示”、有“嗯、哦、啊”三字经、有共情式的反应……随后，甜甜主动做出了“反思”和“保证”。让甜甜感动的不是妈妈多给了她一张纸，而是妈妈的“反应”超出了她预期的理解和“怂恿”。

很多家长或许熟悉下面这个场景，孩子遇到了“羁绊”的时候，类似“我很笨”“我很丑”“我是最倒霉的人”“我根本没有绘画天赋”……从孩子的嘴中不经意间说出，孩子仿佛自己给自己“坚定不移”地贴上了一个负面的“标签”！此时的你，“意欲何为”呢？

小明：我是个笨蛋，什么都做不好！

爸爸：你怎么这么说啊，你一点都不笨！小学的时候，老师不就常常夸你聪明吗？！

小明：小学那点功课太简单了啊？“傻子”都学得会。

爸爸：如果笨，你是怎么考上重点中学的啊？

小明：一时走运呗！现在，我们班上的同学简直就是各种“学霸”，我就是个“学渣”。

爸爸：啊呀，人家学习成绩好，肯定是努力的结果啊，你好好学习、少玩些游戏，肯定会取得好成绩的。

小明：没用的，人家“学霸”的智商超级高，我努力，人家也努力。无论怎么做，我都是垫底的“副班长”，没意思！

爸爸：你咋总跟人比啊！要学会和你自己比，通过努力，哪怕有一点进步，就值得欢呼，不是吗？

小明：行了，爸！别给我灌“鸡汤”了，反正我就是个“笨蛋”、就是个“学渣”，只好给人家垫底啦！

爸爸：我说了，你不笨的，你竟然这样认为，脑子有毛病了吗？

小明：对啊，是有毛病，所以我就是个“笨蛋”啊！

我们应该给这对父子的对话喊“stop”了，这样继续下去，估计这位爸爸说不定会“气炸心肝肺”“破碎空中牙”！无论孩子对我们说什么，我们并不需要一定赞同他，也不能一厢情愿地尽快说服他“就范”。我们好像很“怕”那些消极的情绪，总想马上把它消灭掉算了。但是，即使他不再坚持或宣称对自己的糟糕的评价，也不代表他就是“表里如一”。如果他很执着地坚持自己是很“笨”的人，我们家长更应该允许他有糟糕的情绪，重要的是要帮助他找到疏泄情绪的出口，尝试着去理解他内心的“潜台词”或“精神世界”。

关于爸爸和儿子小明的对话，我们且“重新来过”！

小明：我是个笨蛋，什么都做不好！

爸爸：看起来你的心情不太好啊，发生什么事了吗？

小明：嗯，是不太好……我们班上的那些“学霸”太厉害了，我这学期的成绩肯定要垫底了！

爸爸：你在担心期末考试的事吗？你不觉得自己其实很棒吗？

小明：爸爸，您别再安慰我了，我啥水平我自己清楚！在班级里，老师现在都不正眼看我了……

爸爸：你对自己现在的处境不太满意，是吗？难道有失落感？您小学时的成绩挺好啊，老师们也都很喜欢你呢！

小明：哼，那些不值一提了。现在，我谁都比不过，谁都看不起我！

爸爸：你在学校的日子不太好过，是吧？你总是觉得自己“矮别人一头”，很想改变却又力不从心似的，对吗？

小明：嗯……差不多吧……我现在都成了“学渣”了！今天，班里分组讨论问题，大家对我爱答不理的……

爸爸：哦，在小组里，你觉得自己不被重视、不被接纳，所以很没面子、很孤单，是吗？

小明：嗯……都是些自以为是的家伙，目中无人、自高自大……这与我原来读小学时的班风完全不一样，这里一点都不团结……

爸爸：是呀，你和小学的同学相处得很好呀，现在这个环境，你好像不能较好地融入其中，是吗？

小明：是的，感觉大家又势利、又冷漠，我一点都不喜欢！

爸爸：哦，所以你不喜欢这个班级的氛围，是吧？感觉很不适应？

小明：对，不喜欢。每天过得都不爽，我还要假装跟他们很熟似的！

爸爸：嗯，看来你还在努力适应中呢，这样一天下来，挺辛苦的吧？

小明：我感觉到太累了！

爸爸：哦，在我记忆中，从小到大，你一直很努力，也是很开朗和热心的好孩子。虽然现在你感觉你们班级的氛围不如以前温暖，但是你也非常努力地融入其中，爸爸觉得你真的很不容易呢，为你感到骄傲！

小明：哦，呵呵，我现在这样子，有啥好骄傲的啊，不过，我真是不容易呢！

上面的对话中，爸爸没有执着于说服小明改变自己，而是更多地共情小明的感受，导致父子对话的“走向”实现了“乾坤大挪移”。小明表达了他在学校里的交往“障碍”、内心苦恼、心理落差等，父亲没有指导、建议和批判，只是接纳了小明的感受，好像传递给小明一种感受：这一切都是合理的，你的感受和状态是正常的！小明虽然表露了一些自暴自弃的“端倪”，但他也没有放弃想融入新环境的努力。父亲帮助小明接纳并疏解了“不良”情绪，表达了理解、信任和欣赏。父亲没有大力渲染，只是真诚、直接地表达出来，也并没有要求小明立刻能够“积极”起来，只是在小明心里种下了一颗“原来爸爸眼中的我还是热情和努力”的“种子”！小明已经逐渐坚定地“自我感觉”：我没有那么差！我不是一无是处！我能够变得更好……

我们的家长一定要学会与孩子共情式交流，让我们先从谈话开始。一次充满共情的谈话，并不会立即产生“奇迹”，但我们不断地利用和总结这种方式与孩子“互动”，不懈地“千淘万漉”，你和孩子的身上就会产生蜕变。

我们在生活中会发现，那些具有高共情能力的人待人亲和、受人欢迎。你愿意与他聊天、与他交心，愿意将自己的“故事”告诉他，你总能从他那里得到有效的反馈。当今社会，成功的人不一定有很强的社交能力，而社交能力强的人一定能成功。反之，缺乏共情的孩子，不但容易陷入孤独无援的境地，还会形成情感认知的障碍。如果共情能力满分为 10 分，当今大多数孩子仅仅有 6 分，而具有高共情力的孩子可达到 9 至 10 分，低共情能力的孩子仅有 1 分甚至 0 分！

蔡元培说过：“决定孩子一生的不是学习成绩，而是健全的人格修养。”孩子的共情能力是“健全的人格修养”中的“节拍器”和“联轴器”，我们家长的任务“任重而道远”！

争吵的艺术

国人崇尚以和为贵，家和万事兴。因此，很多人可能认为争吵不是一件好事。任何事情都有两面性，争吵亦然。争吵不是比谁的嗓门高、气场大，也不是比谁的胜算高、力量大。正确和适宜的争吵，更像是一个辩论和谈判的过程，也是一种“行之有效”的沟通形式，可以“争”出“求同存异”，也可以“吵”出理解与共识。

居家过日子，夫妻之间难免磕磕碰碰、吵吵闹闹。有的夫妻“小吵天天有”“床头吵架床尾和”，感情弥深；有的夫妻“大吵三六九”“三千越甲可吞吴”，渐行渐远！这是怎么回事呢？为什么小两口能够和和美美，而变成“三口之家”后会为了孩子争吵不休呢？父母吵架“过火”了或者不断地升级“战争”，不仅会对孩子造成很多负面的影响，也会让夫妻二人容易委曲求全、憋出“内伤”，甚至于兵戎相见、劳燕分飞，这如何是好啊？这正是本章需要阐述的问题。

一、幸福夫妻也吵架

我们往往有这样一个观念：能够长相厮守、相濡以沫的幸福夫妻，一定是琴瑟和谐、没有争吵的“模范”。

某电视台曾经对五对“金婚夫妻”进行采访，主要内容是请他们各自介绍自己与伴侣的相处之道，其中有个问题是：“您和爱人会吵架吗？”结果呢，这五对长相厮守的银发夫妇没有说他们是从不吵架的！有个老人自嘲：“我这人多半辈子的‘爱好’有两样，一是喝点酒，二是和老伴拌嘴。适量喝酒可以活血通络，对身体好；适当争吵，可以暴露并快速地解决生活矛盾，对感情好。”一位年近九旬的老人说：“不吵怎么能叫夫妻？争是亲、吵是爱，不争不吵那叫‘暗战’、那叫敌人。你看看我们过去和日本的关系，会吵架吗？都是直接开打嘛……”

被誉为“美国婚姻教皇”的高特曼（Gottman）教授曾研究发现，自称从不吵架的伴侣，通常在短期内对婚姻满意度比一般人高。然而三年之后，Gottman 教授再来研究这群伴侣却发现，他们的婚姻满意度反而比那些能够把问题吵开来的伴侣要低，其中可能的原因是他们把对彼此的“不满”习惯于压抑下去，这反而不利于亲密关系的维持。Gottman 教授还做过一项调查，目的是研究那些能够在结婚 30 年之后还依然对对方抱有热情的夫妻，他们身上到底有什么共同的特质呢？结果竟然发现，他们最明显的共同点居然是：敢于和对方“吵架”！因此，那些“打碎了牙往肚子里咽”的夫妻往往由相敬如宾变成了“相敬如冰”，而那些“锅沿难免碰锅勺”

的夫妻常常由不依不饶变成了“如胶似漆”。

有的家长曾经向我表达过“委屈”：我们夫妻之间以前也是该吵就吵，但是你们又说夫妻吵架对孩子影响不好，吓得我们再也不敢吵架了，只能搞“冷战”。有时候，“冷战”也不敢搞了，只能在孩子面前装模作样地“演戏”，粉饰太平……上班辛辛苦苦，回家别别扭扭，这日子过得太难受了……

在此，我们强调一下，“父母吵架就会严重伤害孩子”——这是一个“误解”！首先，夫妻之间适当地争吵，是一条有利于达成理解与促进关系的途径，争吵应该是一个真实的、高浓度的、寻求亲密感的情感表达。开诚布公、胸无城府地进行“针尖对麦芒”，远比守在各自的“碉堡”里对峙着要强得多。第二，真正影响孩子的不是你们吵架与否，而是吵架背后的夫妻关系的“亲疏”。诚如我们前面所说，“吵架”夫妻的家庭比“冷战”夫妻的家庭很可能更有温度和生机。夫妻间的“唇枪舌剑”吓不着孩子，孩子的“敏感度”反而非常强，他们是极其“直觉”的生物，他们的“神经末梢”一直细微地感知和鉴别着家庭的氛围、父母的情绪……孩子会读懂你们的“生气”，然后会意你们的“争吵”，继而又能够体悟“雨过天晴”的氛围，你们又是温暖有爱的父母了……这一切都是真实的、直接的、可以预期的，这便是他们的安全感。反之，他们虽然感觉到家里面“风向”不对，但是他们却不知道父母要“冷战”多久？也不知道“暗战”为何……孩子就会用更多的心理能量去揣测你们的态度和关系，并担心不确定的事情，他们甚至于会变得担惊受怕、孤僻偏激，这也正是真正破坏“安全感”的关键。

夫妻争吵不可怕，可怕的是“无烟的战争”。健康的争吵，会让夫妻之间越吵越健康，争吵也就成了幸福夫妻之间糅合感情的一味上佳的“佐料”。生活有百味，相融才最美；争吵要有度，夫妻似鱼水！

二、幸福夫妻如何吵

夫妻之间健康的争吵，是没有敌意的争吵。它不是一次冲动的情绪化的发泄，而是一次有准备、有趋向、以表达需要且以解决问题为宗旨的强效沟通。这种争吵不是在“硝烟弥漫”的激烈对抗的情绪中进行的，而是你争我吵不动粗、据理力争说清楚、有进有退有始终、求同存异泯“恩仇”……

我们且看幸福夫妻争吵“三部曲”！

第一步：明确目的或目标。我的目标是什么？是要表达一个需要吗？还是要达成一个结果？一次只讨论一件事，最好给予对方明确之提示：我需要什么？我想要谈的是什么？比如，我需要你关注一些我的感受、我们应该对做家务的问题有个分工计划……这个目标是可以协商并且求同存异的。我们可以表达情绪，但不要忘了我不是要泄愤，而是想通过争论达成新的相处模式和“共生环境”。

第二步：确定时间和环境，开始施行。尽量回避家人，找一个不受打扰或者“闲人免进”的环境，选择相对适当的时间和环境是必要的。在这种“特定”的时间和环境中，不要轻易说分手、说离婚，不要一言不合就摔门而去。要倾听对方，给予对方表达的空间，并相互尊重对方的感受与需要。

第三步：严格注意事项。如就事论事，对事不对人，不搞“人身攻击”；不要“跑题”，不搞“一言堂”和“家长制”；不要贴“标签”，不要翻“旧账”；不要单纯地指责和泄愤……说到这里，我想到了一对“有趣”的夫妻，他们的做法值得“借鉴”。夫妻俩做了几个卡通的小牌牌，上面写着“跑题了”“贴标签”“翻旧账”“消消气”等提示语。夫妻之间一方“犯规”了，另一方就举起牌子提示一下……其实，我们和孩子之间也可以推广这项“活动”，我们充分“赋予”孩子“举牌”的权利……试想一下，看到孩子“不顺眼”，我们在给孩子上“政治课”的时候，孩子很可能就会频繁地向我们“举牌”：“老爸，你‘犯规’了……”

家庭争吵情景剧

晚上妈妈加班至九点，回到家看到爸爸躺在客厅的沙发上玩手机，再来到9岁儿子彬彬的房间，发现儿子彬彬的家庭作业只写了不到一半……可想而知，妈妈此时是多么恼火！

妈妈：彬彬，放学后，你都干吗了？作业就写了这么一点儿，还写得这么乱，你让我怎么给你签字啊！你们老师今天又给我发短信了，说你在课堂上调皮捣乱，你这孩子怎么不让人省心啊，不想上学了吗？每天吃饱了混天黑，一点上进心也没有，跟你爸一个样儿……别跟我瞪眼睛，我说错了吗？今天不写完作业，你休想睡觉……这个礼拜，不允许碰手机，什么都不要玩了！

彬彬：妈妈，你曾答应我每天玩半小时ipad的，你怎么不讲信用啊！今天作业这么多，我不是一直在写吗？不信，爸爸可以作证，你也不问清楚，就发脾气……

妈妈更“急眼”了：你爸做个“屁”证，他自己都不能以身作则、管好自己，就知道玩手机，他还顾得上管你……XXX（爸爸的名字），你给我到这屋来，你看看彬彬的作业，写成什么样子了？你一个大活人，在家什么都不管，我真是受够了！

爸爸：我在用手机处理邮件呢，这也是我的工作，好不好？你回来就把我们爷俩都骂了，你是吃了“火药”了？孩子好好的，刚才我们还一起研究数学题呢，你看谁都不顺眼，是不是找“茬”啊……

到了这个份上，你来我往，剑拔弩张，“家庭大战”马上就要爆发了！此时此刻，身体疲劳、心情糟糕的妈妈该怎么办呢？

其实，进了家门，妈妈看到老公在“玩”手机而对儿子“放任自流”就很不满意，当看到儿子写作业的残酷“现实”时就更生气了。这是两个矛盾，夫妻冲突与亲子冲突往往是交织在一起的，但是孩子却成了“出气筒”。所以我建议大家，此时一定要先解决大人之间的“愤懑”，再去处理孩子的问题。只有这样，才有可能防止孩子无辜受过。拿孩子出气，兼具“指桑骂槐”地映射配偶，心灵脆弱的孩子因此受到的伤害与影响会更深。

妻子还是冷静了下来，她叮嘱儿子争取在半小时内结束“战斗”，并且决定好好与老公进行一番“谈判”。

妈妈：老公，我可以和你谈谈吗？

爸爸（依旧拿着手机在看）：当然可以啊，你说吧！

妈妈：我心情糟透了，我们好久没好好谈谈了，每次和你说话，你都好像心不在焉似的……

爸爸：哦，你继续说呀，我听着呢（爸爸依旧在看手机）！

画外音：看着执着于“玩”手机的爸爸，妈妈内心的“火苗”极力在往上冲，但是她尽最大努力地压抑着。她多么希望老公可以放下手机而理解一下自己的感受……

“你能别玩手机了吗”——这样“单刀直入”，可能会使得双方直接进入争吵和发泄模式。这个时候，需要给自己按一下“暂停键”，也许妈妈可以去倒杯水、洗洗脸，再回来……这个“聪明”的妈妈的目的是把老公从“玩”手机的模式中带出来，也就是换一个可以正常沟通的不被打扰的环境……

妈妈：嗯，老公，别吵着彬彬写作业，我们去书房谈，好吗？（爸爸算是“听话”，放下手机默默地走进了书房）

妈妈：我想和你说一下我今天具体的感受！在公司一天都绷得紧紧的。累坏了，回家再看看你们爷俩这样的状态，想着一会儿彬彬也要“加班”，我还要检查签字，我觉得特别崩溃……我心里火大啊，也很委屈，我快撑不住了！

爸爸：哦，你最近是总加班，很辛苦，早就给你说别给自己那么大压力，工作“差不多”就行了。

妈妈：是呀，所以我希望你能多理解我一点，最近这段时间，你可以监督彬彬的学习吗？

爸爸：嗯，我知道，刚才，我和彬彬还在讨论数学题呢！不过，我觉得应该让孩子自己知道如何安排时间，不能总是靠着大人“威逼利诱”……

妈妈一愣，紧接着眉头舒展了很多：嗯，是这个道理，不过你看这几天……我不在旁边，孩子的学习……彬彬的老师跟我沟通几次了，让我们家长上上心！

爸爸：好的，我知道了，从明天开始吧，我更加留意一下，你先别操心了！（爸爸说完准备离开房间，但对于妈妈来讲，这个谈话并没有疏解她心头的“愤懑”）

妈妈：老公，你等等，我还有话说呢。你帮助彬彬辅导功课，我非常高兴，你辛苦了！其实，我最想说的不只是这些，最重要的是，我特别需要你能理解我、关心我一些……

爸爸：我理解你啊！我说过，彬彬的学习，你暂时不用操心了。

妈妈：不过，我还需要你多做一点，可以吗？

爸爸：啊？呵呵，说说看。

妈妈：比如说，今天我一回家啊，看到你在家，我心里挺安慰的……不过，你看着手机，没有正眼看我一眼，我又挺失落的。你现在不在乎我了……我寻思着，如果看见我回来，你能够过来给我说几句话，我们拥抱一下，我就心满意足了，工作和家庭的压力都不是事啊！

爸爸：哈哈，原来这样啊……其实，最近啊，我和儿子每天都看着你的脸色过日子呢，看你回来脸色不好看，我们就都不敢和你说话了！

妈妈（破涕为笑）：我哪有那么吓人啊，还看我脸色？

爸爸：是啊，太吓人了，一脸秋霜，不怒而威，你下次进门前拿镜子照一照吧……不过你放心，下次，你下班回到家，我就主动投怀送抱、端茶倒水……

妈妈眉开眼笑：嗯，你也放心，以后进门前，我会调整好自己的情绪的。好脸色，当然要留给最亲近的人！

很多时候，适宜的争吵其实是打破夫妻关系僵局的一把钥匙，也是把习惯于压抑情感、回避问题的一方进行重调“频道”的力量。还记得高特曼教授的研究吗？幸福夫妻的秘诀是：“敢于争吵。”敢于吵架的夫妻，有面对问题的勇气，有解决问题的决心。我们“笑傲”争吵，是因为我们能够勇敢地直面矛盾、彼此信任，并愿意与对方一起努力地成长、幸福地生活。

三、健康的亲子冲突

亲子冲突的本质是什么？

“可怜天下父母心”，一双双父母为了孩子“抛头颅、洒热血”，她们都是善良的“受害者”吗？

当今的孩子，都是家庭里的“心肝肝、命尖尖”，有的甚至成了“油盐不进”的“小皇帝”？这些孩子是亲子冲突的“始作俑者”吗？

亲子冲突，绝不是孩子“不听话”或者家长“脾气差”那么简单。事情的本质，其实是亲子关系及其沟通中的“矛盾”的集中和激烈的体现！处理亲子冲突，我们首先要面对的是每个人交织而聚的各种情感。对孩子也是一样，我们要承认自己对孩子的要求或者“不满”并不纯粹是“为了他好”，你看不到你潜意识地把自己的需要、情绪、控制欲等已经“理直气壮”地强加于孩子了，并且还可能屡屡做出伤害孩子也让自己内疚的事来。如果我们真正平心静气地就事论事，能够拿得起、放得下，把孩子作为同事、朋友或者客户去讨论和谈判，你试试看，一切就可能“旧貌换新颜”。亲子冲突解决的“法门”，不是谁拥有对于另一方的话语权和控制权，而是能够想方设法达成理解并找到解决方案。

1. 亲子关系中矛盾的情感

亲子关系中，矛盾的情感是冲突的根源。说到矛盾的亲子之爱，我们不妨看看电影《黑天鹅》中的妮娜母女的“故事”。

妮娜的母亲原本是一名芭蕾舞演员，因为某种原因，她不得已中止了自己喜爱的事业。从此，这位母亲就将自己的梦想“过继”给了她的女儿。自小，妮娜便被送到了芭蕾学习班，母亲“全过程”精心地“呵护”和“指导”，可谓“无微不至”，无所不用其极。每天早晨，妮娜在妈妈准确和“砥砺”的呼喊声中起床，她不可以在外贪玩以免“玩物丧志”，她的房间有妈妈“特供”的催眠的音乐盒……总而言之，这是一个非常强势地“压榨”孩子私人空间的单身母亲。

在母亲的“高压”下，妮娜必须“成功”。因此，妮娜变得越来越追求完美甚至是极致。“白天鹅”是她的本色，而要塑造邪恶的“黑天鹅”，对妮娜来说是莫大的挑战。所以，为了能同样完美地表现出黑天鹅的魅力，她既释放天性又违背“本我”，让自我的“极善”和“极恶”激烈厮杀，最终“人格分裂”。在疯狂的状态中，她化身“黑天鹅”在舞台上光艳四射、震撼全场、无可挑剔，但却因为在“人格分裂”中“自伤”，以致流血过多而逝去……

我们被电影情节深深地打动，对妮娜母女的印象特别深刻，是因为我们产生了“共鸣”。在妮娜的母亲身上，其复杂的情感可见一斑。现实生活中，我们也会发现或多或少地存在着这样的现象和场景。生活中的我们，也许很难意识到或者说很难愿意承认自己有恨、有嫉妒等消极的情感，我们只愿意承认我们对孩子一腔深沉的“爱”。只有剥开事情的表象，去探索更深层次的部分，我们才能意识到自己也有“破坏”和“攻击”的情感。惟其如此，这时候我们才有可能停下“原来的脚步”。父母只有意识到“自我”的“复杂”的情感，才能去伪存真、返璞归真，才能变成更好的自己。

2. 接受和表达愤怒

我们要允许自己有情绪、有愤怒。很多成人认为愤怒是“邪恶”的，这让孩子也对于表达愤怒有了一种“罪恶感”。其实，在某些时候，面对家人的“不合时宜”，无情绪、不生气表明的是不关心，而不是爱。换句话说，有爱，就无法避免生气。因为有爱就会有期待，有期待就会失望，有失望就会有“脾气”。

因此，我们要学会用不具有破坏性的方式将愤怒表达出来。如果我们对情绪表达的是一种“陈述”或“商议”，如：“厨房里真是一塌糊涂，这让我的心情糟透了！我太累了，你能帮我一下吗？”没有过度的指责和贬低，没有无限度的发泄和释放，对方会迅速接收到明确的信息，也不会激起强烈的抵触和“逆反”。

“发火”是“魔鬼”，很多家长都会对孩子愤怒地“发火”。每逢此时，我们要做的是和孩子“划清界限”。我们是成年人，孩子是孩子，这在个体上是有区别的，孩子与我们确实有生理、心理上的不同，甚至有“代沟”。孩子不是故意让你“气冲斗牛”，你又何必“斤斤计较”呢？当然，我们和孩子都有权利产生负面情绪，并且不必为此感到内疚或羞愧。在一定的限度内，我们有权利表达出自己的感受，但是无论愤怒有多么大，我们都不能侮辱孩子的人格或者轻易地作出道德评判。

处理我们的愤怒，当然需要一些具体的步骤。无论任何状况，我们首先都要清楚地描述出它对我们的影响，而不能附加其他“色彩”。当 5 岁的小朋友豆豆用筷子不停地敲盘子时，她的母亲只说了一句话：“这声音让我心烦！”豆豆又敲了几下，就不再敲了。母亲没有告诉女儿怎么做。她只是描述了自己的“不舒服”，并理所当然地认为女儿会做出反应，也“故意”给予了信任及等待的时间。这个方法很有效，豆豆和妈妈实现了“双赢”！假如豆豆的妈妈“反其道而行之”，对着女儿连珠炮般地“开火”：“你怎么回事？一个小姑娘这样太没规矩了，不能安静地坐着吗？你非要让我头痛吗？马上给我停下来，你聋了吗？再敲我就要打你了……”孩子如果听完这一通，一般并不会马上停下来。其实，对孩子来说，让她的“不端行为”持续一小会儿，是缓冲的，也是必要的。她能够自愿停下来是需要一点时间的，她也很要“面子”，她也会“顺水推舟”或者“见梯就下”。大多数情况下，我们直接说出我们对愤怒的感受，有一个简单明了之表达，就能产生一定的效果。

四、处理亲子冲突的双赢谈判法

亲子冲突中的沟通，就是为了设定的目标，把信息、思想和情感形成“两代人”的传递，并达成共识或协议。在沟通中，我们提倡“双赢谈判”，“双赢谈判”要明确双方的目标或目的，找出可能的一致处，并寻求差异点的备选方案，进而找到共同点无限扩大。双方适当地让步，才能“圆满”地实现双赢！

我们来看一则“秋裤之争”的案例。

早晨，女儿上学出门：“妈妈，再见！我该走了。”

“天气凉了，你套上秋裤吧！”妈妈关心道。

女儿摇头：“我不需要穿，我觉不着冷。”

妈妈有点生气：“你一个女孩子，不能让腿脚着凉的，快点套上再走！”

女儿不耐烦地提高了“分贝”：“我说了，我不需要！我不穿……”

强制型的父母接下来会“谆谆教导”：“够了，你简直太任性了，现在就去穿上，否则就别出门了！”当然，最后或许以孩子的妥协为结局。“好吧，你说了算！总是你说了算！你从不在乎我自己的感觉……”

放弃型父母觉得孩子嗓门高了，就会说：“好吧，随便你吧，我不想跟你争吵。哎，以后你年长后出现‘老寒腿’了，就知道大人说得没错了……”

我们由上可以看到：强制型父母和放弃型父母都是不可取的。母亲和女儿都感到自己没有被理解和尊重，进而生气、委屈甚至产生敌意。所以，我们采用“双赢”的策略去沟通至关重要。

第一步：将心比心

孩子说：“不想穿秋裤！我讨厌穿秋裤！”

我们可以说：“哦，讨厌穿秋裤啊，不过这几天，真的挺冷了啊，你为什么讨厌它呢？”

第二步：界定问题所在

孩子：“穿秋裤又丑又别扭，现在这个‘时代’，没人穿了，我的很多同学都露着脚踝呢！”

妈妈：“好吧，我理解你的‘爱美’之心，但是这个季节不穿秋裤，很容易着凉，病从脚起，这是妈妈非常担心的。”

第三步：邀请孩子找出解决办法

妈妈：“今天降温，而且下午有雨，你看应该怎么办啊！妈妈建议你这次先穿上，可以挽起来不让别人看到，明天我们买肉色打底裤，你觉得怎么样？”（此时，孩子

一定会做出选择并提出解决办法）

第四步：选择最优解决方案

妈妈："看来，今天也没有别的好办法了，又降温又下雨的，你还是先穿上吧！"

孩子："行吧，我挽起裤腿来穿。妈妈，你可记得明天给我买个肉色打底裤啊！"

第五步：执行决定

妈妈："嗯，可以的，我会的，快点穿上秋裤吧。"

"好吧！"女儿愉快地回应。

第六步：听听孩子反馈

"怎么样，是不是不冷了？"妈妈对放学回家的女儿道。

"嗯，今天下雨，确实有点冷，幸好穿上秋裤了！"女儿体验到了穿秋裤的"好处"，不好意思地回答。

"穿着秋裤，你觉得感觉怎么样？"

"其实，还行吧！你知道吗？放学回家的路上，丽丽冻得一直在打哆嗦……不过，我没告诉她我穿上了秋裤……我把秋裤挽得很高，我还是担心同学看到后笑我呢……"

在生活中，孩子总是希望我们认同她并且明白她的想法。当孩子对一种事物讨厌或排斥时，我们不妨先"认同"她的感受，允许她的"认识"，或许"秋裤穿不穿"就显得不那么重要了。孩子明白了我们的"良苦用心"，她一般会选择"穿一下秋裤也无妨"的决定。当然。我们一定要履行诸如"买打底裤"的系列"承诺"！

情景对话

让我们回到前面彬彬一家的“情景”中。妈妈依然很忙，这天加班回家后，她就在厨房里忙着洗洗涮涮。爸爸按照之前与妈妈达成的“契约”，开始留心着彬彬的学习。爸爸来到了彬彬的房间，发现彬彬的作业还没有写完……

爸爸：彬彬，你妈下班回来都半个多小时了，你怎么就做了两道题啊？

彬彬：我……我不会做……

爸爸：不会做吗？昨天，我不是给你讲过这几种题型吗？

彬彬：哦……我知道，就是一时不知如何着手。

爸爸：我觉得你不是不会做，你刚才应该是没有专心吧？不会做可以，但是却找借口拖延，你这种行为让爸爸很生气！

彬彬：哦，我是想不出来如何做了……也可能是不专心……

爸爸：嗯，承认错误就好。现在已经快十点了，你打算怎么办呢？

彬彬：我用二十分钟就应该能做完这几道数学题吧……不过，还有英语作业……

爸爸：喔，做完数学题，抓紧睡觉！明天早晨提前半小时起床，你明天一早完成英语作业吧！

彬彬：OK……

这是一个需要迅速解决问题的“场景”，所以不需要“谈判”了。爸爸和彬彬的对话简单明了、直接有效，没有发泄情绪，没有翻“旧帐”，只是就事论事、点到为止。彬彬承认错误了，爸爸没有借题发挥或者揪住“辫子”不放，也没有大讲特讲，而是直接进入解决方案的讨论。

我们应该可以看到，在生活中，争吵不休往往是由于离题万里的情绪化表达，成人之间尚且容易误解，何况我们的孩子呢？如果彬彬的爸爸采取了与上面截然相反的一种口吻和方式，那么彬彬接收到的不是如何高效完成作业的“指示”，而是“父母很生气很嫌弃我”“我很笨拙”“我很拖延”“我很差劲”“我什么都做不好”等负面的信息和暗示，其“后果”当然是严重的。

沟通、“谈判”或者适宜的“争吵”，是产生密切关系的基础，认同和理解才能够等来“日出云开”，这是一个双向互动的过程。强烈的情感就像湍急的河流一样，不能一味靠说教和强力来“截流”，而要学会用认可和尊重的情感来疏解。

第三章

硬核父母的软实力：与情绪共舞

从某种程度上来讲，情绪是一个很难定义的概念。只要“一息尚存”，我们每时每刻都会在感觉当中。感觉是情绪的一部分，感觉就是经验情绪，情绪包含着生理的、认知的、社会的、环境的等各方面的因素。情绪又是一个动态的过程，可能稍纵即逝，也可能旷日持久。情绪可以是激烈的、吞没性的，也可能是缓和的、微妙的……

你了解情绪吗？你是如何看待情绪的？你愿意接纳情绪是自己的一部分吗？你是与情绪为友还是敬而远之？你终究会发现，你是永远无法让情绪真正消失的，她总是通过各种各样的方式“眼花缭乱”地寻求着表达。

我们一部分的情绪，或许是曾经的受伤与无力。你无法容忍自己的脆弱的情绪，就可能在孩子受伤或脆弱之时指责、批评她，我们不允许自己自由地表达情感，也会在孩子自由地表达情感的时候加以限制。所以，我们只有善待自己内在的情绪，才有可能更好地善待孩子和自己所爱的人。

身心合一的体验

我们可以用一些新的视角重新来审视情绪，尤其是那些会给我们带来不舒服感觉的负面情绪，如愤怒、伤心、恐惧等。这种不舒服的感觉，我们都不想要，想避之而又和它“藕断丝连”。生活是一个万花筒，完全没有负面情绪的人是不存在的。如果一个人始终是“没心没肺”“不知春秋”，却不晓得“风霜雪雨搏激流”，那么他一定脱离了正常人类的范畴，或者说世界上就从来没有这样的人。

在这里，给大家讲一个有趣的情绪与生理反应的试验。

斯坦福大学著名的心理学博士詹姆斯·格罗斯将被试验者分为两组，这两组人首先被安排共同观看一个“中性”（不会引起积极或消极情绪）的电影作为“热身”，并且让大家相对舒适和自然地观看影片。然后，将两组人分开，分别以指导语“请正常表达自身情感”和“请压抑自身情感”，再让两组人观看一段外科手术电影。两次观影期间，都用仪器记录下了两组人的生理指标，如心跳、血压等不一而足。结果发现，观看“中性”电影时，两组人的生理指标差异不大；观看外科手术影片时，被告知要“压抑自身情感”的被试组产生了更加强烈的生理反应，差异非常显著。这说明，人们在管理自己情绪的时候，即使压抑了面部和肢体表情，看起来若无其事，但是生理上的反应却并没有消失，反而会更加强烈。这就隐隐告诉我们：人们在压抑自己情绪的时候，或者说“压抑自身情感”，长此下去会严重地影响身体健康。

我们常说“气大伤身”“百病生于气”，古人也告诫我们：肝“在志为怒”，心“在志为喜”，脾“在志为思”，肺“在志为忧”，肾“在志为恐”。不同的情绪变化对人体脏腑有不同的影响，而脏腑气血的变化，也会影响情绪的再变化，古书《素问·调经论》曰：“血有余则怒，不足则恐。”

有一句话说得好：“心情是身体的雕刻师，有什么样的心情就有什么样的身体。”生活中，不知道大家有没有发现：愤怒让人易患头疼；悲伤使人感到胸闷；“压力山大”容易肩背酸疼……如果我们不能合理、妥善地调适负面情绪，这些疼痛就可能变成疾病，疾病就是我们的身体为此在呐喊。我们都知道身体有病就要去就医，但是我们却不会因为心情不好去问诊。事实上，90% 以上的疾病都是身心疾病，就是说身体的疾病其实与你的情绪息息相关。负面情绪带给我们的那些不舒服的感觉，就是在提醒我们：“现在，你需要关注自己了！”所以，养生就要先“养心”，心通则气通，气通则身通。只有做到阴阳平衡、身心合一，才能让自己身体里的情绪能量可以自然地流动，这是我们健康生活的关键。

说到这里，可能有的人会问：“消极情绪对身体有各种危害，那为什么人类还会有如此之多的消极情绪呢？”研究人员表示，积极情绪能激发人的创造力、适应能力和自信心等，但消极情绪会让人精力集中、冷静思考、更加谨慎。因此，在面对困境时，适度的消极情绪反而有利于综合处理各种信息。一切情绪皆有其生存意义，刻意地维持某一种状态不仅消耗大量的能量，而且可能会带来风险，就像刻意养生反而会增加羁绊、刻意减肥反而会损害健康一样。

社会往往宣扬“做人要乐观”，但有的科学家认为这是危险的，因为负面情绪其实是平衡精神健康的重要一环，也是生物与生俱来的特征。人的身体是一个非常精密和复杂的系统，每一种情绪都有它的意义。比如说：愤怒，可以让一个人充满力量，同时也向侵略者表达自己的领地和底线；悲伤，是对于丧失的告别，同时也会吸引别人来照顾自己；恐惧，会让一个人意识到危险，并做好战斗或者逃跑的准备。用药物强制地治疗负面情绪，等同于阻止我们接受痛苦的一面，从而减弱人类的生命力。一名学者认为：“负面情绪的其中一种功用，就是阻止我们正常工作，警醒我们要避免同类事情的发生。”

一、愤怒——个人边界的守护神

愤怒是人和动物共有的一种原始情绪。早在远古时期，这些物种就会在求生、抗敌、觅食和寻偶的情境下，被激发出愤怒情绪。我们可以看到，愤怒其实是一种能量很强且能够保护自己的情绪。随着人类文明的不断进步，愤怒的守护功能被慢慢削弱甚至扭曲了，这点我们可以从人们对爆发愤怒的人的评价中进行发现。比如，我们通常会说愤怒的人是“疯子”、已经“失去理智”了。所以，我们可能会为了管理自己的形象，或者不破坏与某人的关系，或者想要掩盖自己被他人揭穿而产生的羞耻，而在日常生活、工作中有意识地压制或压抑自己的愤怒情绪。比如一个经常被身边人称为“Lady”的女人，她为了维持自己的优雅形象，在被激怒的当下依然可以展露自己“美丽”的笑容，因为在她的意识里，表达愤怒是缺乏修养的……就像一个非常要“面子”的“成功人士”或“社会名流”，让人无意间说中了自己的弱点和“沉疴”，也会因为不想让他人看穿而强忍怒意、收敛心神，因为他可能还没有完全接纳自己，他不允许自己有“瑕疵”，他更不允许自己因“怒不可遏”而降低自己所谓的“公众形象”。

我们在争吵的艺术中曾经提到过，愤怒并不是邪恶的，我们要接受自己有着愤怒的情绪，并且有意识地表达自己的愤怒，表达愤怒并不是发泄愤怒，这是有益也是需要的。我们之所以产生愤怒，是因为我们感受到我们的自尊、人格、权利以及个人边界受到了威胁。如果没有愤怒，我们便无法在关系中建立健康的边界。举一个简单的例子，你的朋友把你的秘密告诉了一个你不想告诉的人，你感到很愤怒，这就是提醒自己“你的边界在哪里”，也就是说“我不希望你将我的秘密告诉他”。如果你表达了对这件事情的不满，就是告诉了对方你的原则和底线，他可能会更加尊重和珍视你。如果你为了不破坏和朋友的关系而压抑不满，他不但不能了解你的想法，下一次可能会“变本加厉”，最终反而会导致“反目成仇”“形同陌路”。

二、悲伤——连接关系的纽带

人们会因为许多事情而引发悲伤情绪，比如与亲近的人分离、遭遇失败和挫折、被人误解和“排挤”等。与愤怒情绪相同，悲伤也是生物经进化后选择性遗留下来的特点，是我们与生俱来的能力。婴儿呱呱落地，就会用哭泣来博得他人的同情。悲伤可以说是最具有感染力的情绪之一，也是极易引发他人同理心的一种情绪。不自觉地同情弱者是人的“本色”，人们在表达悲伤的时候，会特别容易让他人产生怜悯和共鸣，会让人感觉到：“你现在很难过，希望能够得到我的陪伴、理解和支持”。这是一种求援信号，这个信号会加深人与人之间的理解，让彼此的联结变得紧密和“可亲”。这种关系的递延靠近，要比分享快乐来得更为稳固和长久。

人们不喜欢悲伤，或者不太愿意表露自己的悲伤，会觉得“哭鼻子”很“丢脸”，眼泪会暴露自己的脆弱和“无能”，就会压抑悲伤并忽略它。男人会秉承着男子汉流血不流泪、“男儿有泪不轻弹”的观点，觉得悲伤是一种可耻的事情；有些“女汉子”，也不喜欢悲伤，当自己悲伤的时候，她会用愤怒来代替，觉得自己不争气，“你若不坚强，软弱给谁看？”所以，我们往往不愿意求助于他人，更愿意自己解决问题或压抑自己的难过和“难言之隐”。实际上，压抑悲伤的结果，不但不会令我们从悲伤中走出来，还会在与他人的关系上设置屏障，给他人一种“我其实跟你不熟、我不需要你”的信号，让他人望而却步，“可远观而不可亵玩焉”。

心理学家朱迪斯·维奥斯特曾经在《必要的丧失》一书中提到：

“在正常的哀伤过程中，天性会赋予我们一种能力，对生活中不可避免的失望趋向情感的平和。象征性地告别以前的生活阶段，意识到自己在每一次丧失中的局限性，以及不能拥有一切的事实，都有利于成长。”研究人员发现，在试验中，通过电影等来回忆高兴或悲伤的往事，他们使被研究者产生积极或消极的情绪，随后他们要求试验对象判断流言的真实性。结果显示，与那些心情愉快的人相比，情绪低落的人不易冲动，也不容易轻信流言。所以，有意识地表达悲伤是十分必要的，这是我们每个人都必须经历的过程，也是我们每一个人成长的必经之路。

悲伤除了能带给我们心理上的成长与慰藉，还能带来认知能力方面的提升。有研究表明，人在悲伤状态下，记忆会更加深刻，收集信息和细节的能力会增强，识别欺骗性信息的准确性也会大大提升，而不会受到刻板成见的影响。更出人意料的是，人们在悲伤的时候，反而更有动力去完成一项复杂的任务，并愿意为之付出更多的努力。因此，我们不仅要坦然地去面对困境，还要看到这个困境给我们带来的更多益处。悲伤能令受害人变得更坚强，更有能力应付生命中的挑战。很多历史伟人就曾经饱受“悲伤”的困扰，如二战时的英国首相丘吉尔、解放黑奴的美国第十六任总统林肯、发现万有引力定律的牛顿，乐圣贝多芬……正是有了欢乐和悲伤的重奏、逆境与顺境的磨砺，才构成了丰富多彩的人生！

三、嫉妒——促进改变的内驱力

嫉妒俗称为“红眼病”“吃醋”“吃不到葡萄说葡萄酸”等，这种情绪起源于社会性的比较。一项研究表明，当人们只是被放在同一间屋子里时，他们就已经开始互相打量了——谁更聪明、谁更好看、谁更强壮……

嫉妒就是人怀有的一种冷漠、贬低、排斥，亦是敌视的心理状态。嫉妒的产生在所难免，我们每个人都会嫉妒他人，嫉妒能让我们看清自己在这个竞争残酷的社会中所处的位置。

这里，我们要跟大家解释一下，心理学中的嫉妒是有两面性的。我们通常所说的“羡慕”，其实和“嫉妒”的根源相同，“羡慕”一方面其实是“嫉妒”情绪的升华，我们称其为良性的“嫉妒”，另一方面则是具有破坏性的“嫉妒”。良性的嫉妒具有崇敬和启发性，在潜意识层面上，更像是在说“他能做到，我怎样做才能像他一样”。这种对他人的嫉妒是有益的，能转化为自己强有力的内在动机。我们的这种良性的嫉妒，会通过模仿、观察学习、自我修炼的方式来提升自己的能力，逐渐向我们所羡慕的人的成就靠近。而恶意的嫉妒，会让我们做出破坏性的“举措”，比如造谣、诋毁、诽谤甚至更严重的攻击行为。良性的嫉妒会激发我们警醒和进步，而恶意的嫉妒会让我们走向偏执和狭隘。因此，将原始的嫉妒情绪升华成为羡慕，是处理嫉妒情绪的有效途径。

不知道大家有没有发现，我们会对某些人产生嫉妒情绪，但不会对另一些人产生类似的嫉妒。通常来讲，我们很难对距离自己太遥远的人产生嫉妒情绪，也就是说，我们所嫉妒的对象通常是与自己有关的、相似的并且可及的，或者至少是我们自认为可及的对象。举一个简单的例子，一个工薪阶层的员工可能会嫉妒他的朋友娶了个非常漂亮的老婆，也可能会嫉妒他的同事薪水丰厚，但不太会嫉妒马云、周杰伦……所以，可以这么说，嫉妒在推动我们不断进步的同时，也能让我们设立更加具象化的目标。

四、焦虑——其他情绪的面具

人生来就有焦虑情绪，焦虑所涉及的范围非常广泛。比如婴儿一出生，就存在对死亡的焦虑，她会为了生存而通过哭喊来获得母亲的关注，并得到食物；原始人为了“生计”而“狩猎”，却又因害怕遇到袭击而焦虑；人们乘坐电梯、飞机时，会因为潜在危险而焦虑；在完成一项难度很大的工作时，人们会担心无法按时完工而焦虑……可以说，这些焦虑都是我们为了维护生存所产生的，而且有现实作为基础，这类焦虑只要能够被我们控制在一定的程度下，就能够促使我们更大限度地调动自己的行动力。

还有一些焦虑，涉及到我们的潜意识。如我们会因为害怕自己的想法受到良心的谴责而焦虑，这里的良心就代表“超我”，一旦我们产生一些违背良心的想法，就会体验到内疚感和羞耻感。我们有时也会因为一些我们完全没有意识到的事物而焦虑，而这些没有被意识到的事物就是“本我”的欲望，如果我们无法意识到焦虑的背后到底是什么？这种焦虑就永远得不到解决，一旦触发了那种“情景”，我们的焦虑就会随之即来。

有人将焦虑形容为“一种通用的钱币”，我觉得把它比作其他情绪的“面具”更为恰当。因为焦虑的背后很“精彩”，其中总是潜藏着各种各样的复杂情绪。有时，我们也会因无法顺畅表达这些复杂的情绪而焦虑，为了让焦虑得以缓解，我们会付出一些行动，比如暴食、酗酒、吸烟、寻求刺激和体验……焦虑情绪的体验如此难熬，我们总是想尽力、尽快摆脱这种难耐的情绪，却忘了探究焦虑背后的秘密。焦虑存在的意义，就是提示我们还有未完成的愿望或没有解决的问题。真正克服焦虑的第一步，就是去弄明白我们焦虑背后的“子丑寅卯”。

当我们对负面情绪有了一定的了解，也许就能够开始对自己的情绪特点有一个全新的认识。情绪没有对错之分，能体验到负面情绪的人永远比只能体验到积极情绪的人更为健康。我们想要获得幸福，就要先关注自己的负面情绪，了解它是什么、为什么而来、它的背后有没有藏着其他情绪……只有这样，我们才能得到自己真正想要的东西，我们的内心也就能够真正地丰盈和强大起来。

调伏七情六欲的法门

本章分享的主题是：如何调伏自己的情绪？旨在帮助大家在不压抑情绪的前提之下，能够更好地处理情绪和身体的关系，从而找到内心的宁静与和平。

禅宗有一幅非常著名的《十牛图》，讲的是“牧童”驯服“黑牛”的十个步骤，“牛”的寓意便是我们的“心性”、是我们内心的能量，今天可以把它理解为我们的情绪。起初，我们对自己的“心性”或情绪知之甚少。“牧童”入山寻“牛”，终于发现了“牛”，“牛”却横冲直撞，“牧童”拿它没有一点办法。“牧童”就是我们的意识和头脑，“牧童”牧“牛”就是讲头脑如何驾驭我们的心。我们与“牛”开始周旋，总是被“牛”牵着跑。“牛”耕田时，一边是鞭子、一边是草料，“牧童”慢慢地掌握了牵“牛”的技巧，小心驾驭，时时规范，直到人“牛”合一。我们借这个“牧童”牧“牛”的生动且富含寓意的画面，引领大家开始进入调伏内心、与情绪共舞的修炼，这个过程是循序渐进的，每一步都会充满欣喜，每一步都会收获裨益。

美国著名的精神神经免疫学科学家甘蒂丝·柏特通过研究发现，那些储存着人们情绪记忆的细胞不仅存在于大脑当中，也存在于我们身体的“四肢百骸”。此研究成果能够很好地解释生活中出现的一些“疑问”，如：为什么一些本以为已经忘记的事情却会“鬼使神差”地操控着我们？为什么一旦刺激我们的感官体验之后，相关的记忆往往会重新浮现……从这个角度来说，身体就是我们的潜意识。我们压抑了什么样的情绪，身体就会反映出相应的病症，比如：失眠或睡不醒可能是因为存在焦虑或抑郁；抽烟和酗酒是因为压力排解不出来；肝脏总是隐隐作痛是因为经常生闷气……思想或许可以欺骗自己，但是活生生的身体却不会说谎，它忠实地帮我们储存所有的情绪，提醒我们要去真实地面对自己真正的需求。身体的大部分不适，是由我们的负面思想和情绪的积累而造成的，不同的身体位置会储存不同的情绪。身体的不适或病症只是我们内心的呼喊和求救。唤起或启动过去某个经验或创伤带给我们的感觉，那些以往被压抑的愤怒、恐惧和悲痛，就可以通过我们的身体重新被激活，并得以释放和调节。

下面是三种比较有代表性的身心问题，让我们以此来“透视”身体和情绪是如何互相作用的。

一、情绪与身心疾病

1. 情绪性进食

世界心理卫生组织指出，70%以上的人会用攻击自己身体器官的方式来消化自己的情绪。也就是说，我们会采取一些行动来逃避和应对负面情绪带给我们的折磨，情绪性进食就是一个非常典型的例子。

生活中有很多情绪性进食的现象：明明不饿却抑制不住嘴馋；想吃东西却通常选择不健康的炸鸡、薯片、冰激凌等垃圾食品；困得要命却三五成群地去夜市胡吃海喝……我们会在什么样的情况下借吃消愁呢？压力大或者心情沮丧的时候自不必说，更多的时候可能只是闲得无聊。其实，偶尔用食物来疗愈自己、奖励自己，并无大碍，如黯然神伤时想吃点甜食等。如果总是下意识地寻找食物，就已经不是简单为了解决生理的饥饿而吃，而是下意识地把进食当成缓解压力、填补内心空虚的工具。当然，情绪性进食极易引起肥胖、营养不良等疾病。

有研究表明，人在面对压力的时候，荷尔蒙皮质醇分泌会上升，大脑会发出“你需要大量的能量来抵抗压力”的信号。这就好比有的人天天加班，忙得不亦乐乎，身体却越来越胖，被人称为“过劳肥”。在情绪性进食“发作”时，“患者”选择的高脂肪、高热量的垃圾食品会令大脑释放类似于鸦片的活性肽，使得贪吃就像香烟和毒品的“上瘾”一样，想要“戒掉”是非常困难的。无法自我控制的进食会大大降低人的自尊水平，我们会因为吃而胖，又会因为胖而吃得更多，就好像一个恶性循环般令人“欲罢不能”。在这个恶性循环里，吃变成了一种惯性或“程序”，明知会吃出“不好”来，却不断地放任迁就自己。

2. 过敏反应

过敏是日常生活中一种司空见惯的现象，我们身边总是不乏“过敏人”。出现过敏现象是非常难受的，轻则流泪、咳嗽、呕吐、瘙痒等，严重者皮肤起荨麻疹甚至休克、威胁生命等。能引起过敏反应的物质叫做过敏原，有的人对食物过敏，如某种水果、肉类、乳制品等；有的人对粉尘过敏，如花粉、毛发、尘土等；有的人对衣物的材质过敏，如纤维、金属等；有的人甚至对冷空气、阳光过敏……

可能有人会问：过敏是生理上的一种反应，它和情绪又有什么关系呢？要解释这个问题，就要从过敏反应产生的机制说起。科学家们认为，过敏反应是免疫系统产生出的一种防止外界有害物质侵袭的信号，这个信号可以让人们快速地逃离有害环境，并通过喷嚏、腹泻、起疹子等诸多方式将毒素排出体外而强化自身。可以这么说，过敏是人类的一种防御方式。我们身体的组成部分是保护生命的一道屏障，防御的不仅仅是外界有形的有害物质，还有内在无形的愤怒、焦虑、抑郁等负面情感。如果负面情感太过强烈，免疫系统就会“判断”我们处在一个危险恶劣的环境中，于是它便会加大马力工作，不放过任何一个不知是“敌”是“友”的“外来者”，甚至会对“自己人”误下杀手，造成一种过度防御的状态，这就是为什么我们往往在状态低迷的时候会莫名其妙地出现种种过敏反应。当然，我们一些悲伤、抑郁的情绪也会让免疫系统变得脆弱和敏感，使得我们的防御“洞门大开”而更容易感染各种细菌和病毒。

中华医学会发布的一项调查显示，紧张和愤怒等情绪会让很多人反复出现红疹、瘙痒等皮肤过敏症状，这种现象被称为“情绪性过敏”。经常精神紧张、情绪激动、压力巨大、睡眠不规律等，人的身体就会释放大量的去甲肾上腺素、肾上腺素等，引起血管收缩、血压上升，进而产生大量自由基去攻击能释放过敏因子的肥大细胞，从而出现过敏症状。当情绪起伏剧烈时，皮肤中还会释放一些神经递质，加剧过敏反应，皮肤成了人体的“压力探测器”。英国皮肤病专家还注意到，压力过大可能引起湿疹、牛皮癣等皮肤病。在经济不景气的大环境下，皮肤病患者会明显增多。英国皮肤病基金会比维斯·曼医生表示，对于这些皮肤病患者来说，最重要的是解除负面情绪。

如果你正禁受着莫名出现或者反复发作的过敏症状，请在寻求医生帮助的同时，也要关注自己的情绪状态。不要总是“头痛医头、脚痛医脚”，而要把自己的注意力放在那些能够令你愉快的事物上，同时更要细心地观察自我身心的变化，及时排解压力疏散纠结，尽量让自己处在轻松、愉悦的生活环境中。

3. 癌症

在各种疾病中，癌症可以说是人类目前最大的杀手之一，有人把当今时代说成是一个“谈癌色变”的时代。为了逃避癌症的魔爪，人们会主动去阅读科普类文章、吃一些防癌的食物或保健品、购买一些防癌科技产品等。然而，我们越来越认识到：罹患癌症不单单是生理方面使然，亦与心理层面息息相关。

按照人的行为及情感的表现方式，英国心理学家劳伦斯·莱森将人类的性格大致分为“A、B、C”三种类型，其中“C”就取自英文 cancer（癌）的首字母，预示具有这种性格特征的人易患癌症。C 型人格的人多有抑郁特质，他们对事物存在着消极的认知评价，不善于表达或宣泄自己的负面情绪，把不满和怨恨都藏在心里，在行为上也表现出回避、忍让、依赖以及过度的自我克制等。研究发现，C 型性格的人癌症发病率比一般人高出好几倍。

我们发现，很多人身上都会长一些大大小小的良性瘤，如纤维瘤、脂肪瘤、淋巴结等。如果一个人在较长的时间内一直处于抑郁的状态，并且持续地体验到绝望感和孤独感，就非常容易诱发癌变。这种体验可能来源于外界长时间、不间断地强烈刺激，如不被他人理解、感觉不公平、深藏不为人知之秘、缺乏肯定和关爱等。在这种长期的负性情感体验中，人们会逐渐失去对生活的渴望，从而回避正常的人际交往，也会放弃寻求他人的帮助和理解。放弃而绝不“甘心”，回避而“耿耿于怀”，强烈地压抑内心的渴望会激起强烈的身体反应。在抑郁状态下的人的潜意识里，也许只有病得足够严重，才能获得他人的爱和关注。

治疗癌症的难点在于防止复发，西医的手术、放化疗和中医药都无法解决癌症的复发难题，因为这些治疗手段并没有解决产生癌症的内因——不良情绪。中国医学科学院肿瘤医院官网上写道：90% 以上的癌症与心理、情绪有着直接或间接的关系……不良的饮食生活习惯只占致癌因素的 10%。

有关研究表明，慢性、持续的孤独和许多身心疾病都有关联，除了癌症之外，还包括中风、高血压、心血管疾病、精神分裂症、认知功能受损、睡眠障碍、自杀和物质滥用等。因此，学会爱自己、爱生活，建立起积极的认知模式，并主动寻求有效的社会支持系统，可以说是预防疾病至关重要的一环。

只要心理正常了，很多疑难杂症往往可以不药而愈。佛法常说的“看破”“放下”“自在”，其实就是治病的灵丹妙药。中医以“心”为人体中的“皇帝”，是人体的“最高统治者”。中医讲“心”，不是单指心脏这个器官，而是指一个系统，认为“心”主神志，也就是大脑的主管。中医的“心”是指大脑神经和与之有密切联系的心脏这样一个大系统（心脑系统），是人体的总指挥部。在“杯弓蛇影”这个故事中，客人以为酒杯里有蛇，回去疑心中了蛇毒，从而生命垂危，无药可救；而当他知晓饮下的不过是“弓影”而已，便立即恢复了健康。《红楼梦》中的林黛玉，当她得知宝哥哥与宝钗结婚后便魂归西天，正是因为心病不是砒霜胜过砒霜，害命于弹指之间。心病还得心药医，此话十分有道理。

二、调伏情绪的方法

调伏情绪的方法很多，除了有意识地表达情绪（比如前面所讲的主动表达愤怒等）或者寻求家人、朋友的支持和帮助，调节身心需讲求动静结合，偏执于动或静某一方面太多，都是对身心有害的。

1. 如何“动”

说到“动”，大家可能会想到健身和运动。现在，越来越多的人开始注重养生，在工作之余选择跑步、爬山、游泳、骑行、去健身房进行专门的体能训练，或者根据自己的喜好学习舞蹈、拳道课程等，还有一些人喜欢追求较为刺激的极限运动如高空跳伞、滑行、攀岩、蹦极、滑板、冲浪、跑酷……这些运动，不仅可以充分释放内在的攻击性（比如愤怒），而且也是治疗抑郁的有效方法。

在运动过程当中，人的大脑会产生大量的多巴胺和血清素。多巴胺是一种神经传导物质，主要负责大脑的情欲、兴奋及开心的信息传递。人们享受恋爱、对香烟和咖啡上瘾等，就是因为多巴胺的存在，它能让人产生愉悦或兴奋的感觉，并且乐此不疲。血清素是大脑中负责理智和愤怒间传递的一种神经递质，大脑中的血清素含量较低时，人们更难控制愤怒的情绪。在日常生活中，多吃蛋白质含量较高的食物，可以增加大脑中血清素的含量，也可以帮助我们更好地控制情绪。相关研究发现，多巴胺和血清素都可以用于治疗抑郁症，多巴胺负责释放快乐，血清素负责平和心境。所以，如果你想找到恋爱的感觉，或者你想戒烟、拒绝咖啡、去除食瘾，抑或想摆脱抑郁心境的纠缠，不妨去尝试一些适合自己的运动项目。当然，任何事情都要适度，过多、过量的运动会损害我们的身体器官，运动也就失去了它本身的治疗的意义。

有的人可能会说："我就不喜欢运动，我也不擅长运动！"我们说的"动"，不单单是指拳打脚踢般的运动，还包括绘画、唱歌、写作、烹饪、做手工等，这些"动"都能起到调节身心、释放情绪的作用。如果对运动不感兴趣，可以培养类似的兴趣爱好。在愉快地"玩"的过程中，放松身心，缓解压力和焦虑情绪，寻找内心的充实与满足，甚至还有可能收获相应的成就感，更有可能找到情趣相投、志同道合、的伙伴，倘若如此，岂不是一件一举多得的兼美之事吗？

2. 如何“静”

中国传统文化讲究养心，养心即可治病，养心的核心在“静”，所谓“俭以修德、静以养心”。中医认为，“心主神，心为五脏六腑之大主。心藏君火，君火以明，主不明则十二官危。”就是说，心之神可统五脏之神，包括脾之意、肺之魄、肾之志、肝之魂，皆由心神所主管。如果能把心神调整好，那五脏之神皆可得到调整。这里的“神”，是精神的意思。精神决定身体的健康，只要精神健康，五脏六腑就能趋向于健康。不管是哪一类的疾病，我们都可以从心理上治疗。

那么，何谓养心呢？《黄帝内经》认为是“恬虚无”，也就是平淡宁静、乐观豁达、凝神自娱的心境。冥想，采用的就是养心的原理，就是“静”的一种体现。如果调节身体某个部位的疼痛，可以找个安静地方，放一首能让你放松的音乐，再进行深度的腹式呼吸，然后将专注力放在令你不舒服的地方，不断地用呼吸去碰触它、感觉它，让身体的直觉去带动你、牵引你，直到你疼痛的部位有舒服、轻松、平静的感觉为止。《黄帝内经》说“人卧则血归于肝”，就是静养的最原始状态。

人的身体，就是一个小的“宇宙”，自然天体里有日月星辰的运行，日有东升西落，月有阴晴圆缺；人也同理，有五脏六腑、气血阴阳的运行，白天苏醒、夜晚睡觉。对人而言，生命既不是绝对的运动不息，也不是完全的静止不动，而是运动和静止相互交替的阴阳结合体。中国传统的太极拳、八段锦等动静结合的健身方式，就是非常有利于调节身心的选择。

选择什么样的方式来调伏自己的情绪，取决于你对自己情绪的了解，就像前面说的《十牛图》那样，先要寻“牛”、找到“牛”、了解“牛”的习性，然后再开始循序渐进地驾驭它。以“神经性进食”举例，我们为什么要吃下大量超过身体需要的食物呢？也许可以想象成需要让自己变得更强大、或要用食物填满自己内在的空虚感这样的意象。让自己更强大的方式有很多，比如学习拳击、跆拳道、击剑等，坚持训练会使自己变得更有力量、更健壮，而不需要把自己吃成一个大胖子来虚张声势！对于空虚、无价值、无意义感，不是靠关在家里吃薯片来解决，而是可以更多地参加群体活动和公益活动，与有共同兴趣的人一起学习和锻炼，让关系中的爱与归属感、更多的知识和技能来填满自己内心的空虚。如果你需要释放，那么就去找到健康的方式去释放；如果你需要归属感，那么就把自己真正地投入到群体中、生活中和爱好中；如果你需要爱，那就要先学习爱自己，去建设性地改善自己的生活方式……不要问你适合什么样的方式，只有自己才是最了解自己的人。

身体是情绪的一面镜子，如何对待我们自身的情绪情感，身体就会反馈给我们相应的“信号”或“指示”。善待负面情绪，我们才能活得更真实、更现实、更有意义。

压力与身体的对话

生活在这样一个高速发展又“压力山大”的时代，每天必须“撸起袖子加油干”，我们才会有各种可能。大人们加班、内训、冲业绩、赶项目、开会出差、二次就业……孩子们有做不完的题、考不完的试，上不完的辅导班、看不完的“第二起跑线”……有些企业员工感到工作压力越来越大，身心疲惫、力不从心，甚至对生活和工作失去了信心，怎样保持自我稳定而又弹性的身心状态显得越来越重要。近年来陆续发生的药家鑫事件、马加爵事件、富士康事件等，都说明无论是社会层面还是企业内部，加强人们在压力和情绪控制下的心理疏导、让压力与身体之间实现和谐对话、提升人们的心理素质和自控能力，已经刻不容缓。

TED 有一个关于压力的演讲，里面讲了一个研究，颠覆了我们对压力的看法。这个研究追踪了 3 万个美国成年人 8 年之久，研究是以问被试者“在过去的一年里，你经历过多少压力”开始的。同时，这些人也被问到：“你们相信压力对自己的健康是有害的吗？”研究者使用公众死亡记录来确定这些人中的“后来”。首先是不幸的消息，那些在过去的一年中经历过太多压力的人，他们的死亡风险增加了 43%，这仅仅是针对那些相信“压力有害健康”的人而言的。而那些不认为压力对身体有害的人，他们并不容易死亡，而且研究发现这些不认为压力对身体有害的人，比经历相对较小压力的人，死亡风险还要低得多。研究者在后续 8 年的追踪中，有 1.82 万个美国人过早地去世了，但他们并不是因为压力，而是因为相信“压力是对自己的健康有害的”。如果这一估算数字是正确的，那么将会使得“相信压力对身体有害”这一观念，成为美国有关部门曾经统计的第十五大死亡因素，它甚至超越了皮肤癌、艾滋病和被谋杀的死亡人数。

是否改变对压力的态度可以使人们更健康呢？科学告诉我们确实如此。我们改变对压力的态度，便可以改变身体对压力的反应。你是否觉得不可思议？来做个简单的小测试，这是一个社会压力测试。现在请大家想象：进入了一个实验室，我们被告知必须面对坐在你面前的专家和评委，然后请你做一个关于自己性格弱点的 5 分钟的演讲，当然你事先并无准备。然后为了确保你感受到压力，会有明亮的灯光和摄像机对准你。那些评委呢，事先排练好了，会给你非常多消极的非语言的反馈。现在的你已经足够失落了……突然，你被安排进入第二部分的数学测验，测试题目是请你倒数数字，从 996 开始以 7 递减……现在，你开始数……但是令你措手不及的是，评委在这个过程中不断地打扰你：“你大声地说出来”“快一点”“你数得太慢了”“不对不对，重新开始”……

如果参与了这个测试，你会感觉到呼吸开始加快、心脏怦怦加速，也许还会是一头汗水。正常情况下，我们会解释这种身体的改变，叫做“焦虑”，或者说这是我们不能很好地应对压力的“信号”。但是，如果我们把这些都看作身体的“活力”，并准备好应对这些压力，“信号”又会怎么样呢？其实，这个测验在哈佛大学也进行过一次。不同的是，在社会压力测试之前，被试者被告知，这些压力的反应是有利的。比如：怦怦跳的心脏，是在为你的下一步行动做准备；呼吸加快，也没有问题，这样可以让你的大脑获得更多的氧气……这些学会将压力视为“帮助”的参与者，少了一份焦虑，多了一份自信，他们感受到的压力大大降低了！

对于一定的压力，人的心率会加快，血管会紧缩。这种情况如果一直持续，心血管疾病便会逐渐乘虚而入。在这个研究中，当参与者认为压力是有利的，他们的血管就是保持松弛的，他们的心脏也在砰砰加速，但是这样的跳动变成一种更健康的心血管活动的方式了。其实，当你非常开心或者受到鼓舞、激励的时候，心脏的节拍也是如此铿锵有力。在我们经历的压力性事件中，压力引起的生理变化是不同的，比如50岁的时候身体的压力导致了心脏病发作，但是90岁还活得好好的……这些研究告诉我们，压力的影响，就在于你到底如何看待它。因此，面对压力的时候，要相信压力可以跟我们成为朋友，这是我的身体在帮助我应对挑战。当用正确的方式看待压力，那么身体也会相信我们，身体对于压力的反应也就变得更加积极和健康。

管理情绪与压力旨在学会转换非理性思维到理性思维，同时掌握减少冲突、增进和谐的沟通方式，减轻工作压力，提高工作效率，学会处理不良情绪的方法，用健康愉悦的情绪感染他人，转化压力为动力，从而实现心灵成长。

我们来看看压力所“幻化”出的力量。

曾经听到这样一个事情：一位家庭主妇在一楼晒衣服，她猛然抬眼发现自己的小儿子从二楼坠落，于是飞奔过去接住了孩子，后来据报道说她当时冲刺的速度几乎和百米世界纪录相差无几。我们也听过这样的报道，说一个登山者被巨石压住，危急关头他奋力推开了压在身上约一吨重的巨石，从而得以幸存。

“林暗草惊风，将军夜引弓。平明寻白羽，没在石棱中。”这首古诗说的是汉代“李广射石”的典故。边疆的森林里，夜间光线很暗，突然一阵风吹来，吹得前面杂草丛哗哗地响，巡逻的李广将军以为是老虎来了，立即拉弓，向响声处一箭射去。天亮时去找射出的箭，发现它已深深地嵌在石头里。

通过以上的案例发现，面对突然而来的巨大的压力，人的身体比大脑还要聪明，它会很警觉地把压力当成危险的信号，然后产生一系列“紧急措施”试图打败危险。我们在生活中也经常会有一些类似的生理反应，比如：白细胞对抗疾病，会紧张地战斗，当白细胞太累无法战斗，身体就会生病；肾上腺激素的波动和陡增，使身体持续在觉醒状态，以致出现睡眠障碍……这些都是身体的反抗，是在提醒我们：压力来了，要缓解或战胜它了！

这里不得不提到一种压力性激素，叫催产素。我们的脑垂体释放这种物质作为压力反应的一部分，它其实就像肌体对于压力反馈性释放、肾上腺素会使心跳加快一样。当身体应对压力释放催产素时，它能够促使我们去寻找支持。肌体应对压力的这些生理变化，促使我们告诉别人我们的感受，而不是隐藏在心里。这些压力反应试图提醒我们：注意自己的身体，注意生活的环境。当生活变得困难，我们可以寻求帮助，而当别人遇到困难，我们也可以提供帮助。

催产素有一个特别可爱的别名，叫做“拥抱激素”。因为当你拥抱某个人的时候，催产素将会释放。当然这仅仅是催产素作用的很小一部分，它还可以调节大脑的社会本能，促使我们做一些加强与别人联系的事情，让我们渴望与朋友、家人有身体上的接触。催产素还能够增强我们的情感，让我们更愿意帮助和支持那些关心我们的人。催产素不仅仅作用于我们的大脑，同时还作用于身体，保护心血管功能避免压力带来的伤害，帮助血管在应对压力时保持放松。更“酷”的是催产素使得我们更社会化。当我们处于压力状态下，伸出双手，无论是在寻找帮助还是提供帮助，身体都会释放更多的催产素，这样你对于压力的反应就会变得更健康，而你也能从压力中更快速地觉醒和恢复。

当选择将肌体对压力的反应视为一种有利的因素，我们便建立了一种生理性激励。当选择在压力状态下与别人交流，我们便能迅速建立起对应的保护机制。我们并不需要在生活中多一些压力性的经历，但是需要在生活中多一些互相的交流和扶携，以能够在压力下做得更好更适宜。我们要告诉我们的身体，相信自己可以有足够的力量去应对生活中的各种挑战。同时，不要当“孤胆英雄”，而要去寻找你的“统一战线”，与亲人朋友或志同道合者并肩作战、共同分担，情感的支持是最好的降压药，心灵的慰藉是最好的排压器。

慢性压力叠加或压力太大，我们的身体还会有一种糖皮质激素高水平释放。它叫做皮质醇，俗称“压力荷尔蒙”，是肾上腺疲劳的重要风向标，它不同的分泌量可以保持机体的不同强度等级的工作。

正常情况下，“压力荷尔蒙”水平在一天当中的变化如下：

> 22点至次日凌晨5点，这个时间段身体需要休息放松，不需要高浓度的“压力荷尔蒙”来应对压力，此时身体的“压力荷尔蒙”维持在很低的水平上。我们不宜通宵达旦工作或娱乐，应该让身体在这个时段内得到真正放松。
>
> 6点至8点，此时“压力荷尔蒙”的浓度升至最高，使人体逐渐提高运转效率以便对抗马上出现的工作压力。因此早晨工作效率很好，可以把一些重难点工作放在上午的黄金时刻来做。
>
> 8点至22点，除了17点至20点有微弱升高外，“压力荷尔蒙”的浓度呈现逐步下降的趋势。此时，人们会感觉工作周期的尾声阶段出现严重的注意力下降。这应该是一个劳逸结合的契机！

既然“压力荷尔蒙”出现了“横看成岭侧成峰、远近高低各不同”的局面，我们就根据四种“压力荷尔蒙”指数的表现，给大家提供一些对应的减压对策。

如果你发现自己对糖类食物有很强的渴望，感觉很累但兴奋，且容易失眠和焦虑，这样的情况说明“压力荷尔蒙”居高不下。这时候的你需多喝水、多吃些富含蛋白质的食物，并减少咖啡因和碳水化合物的摄入，但是千万不要不吃午餐，当然最重要的是保持充足的睡眠。

如果近期自己白天十分困倦，感觉能量消耗过快，对咖啡因和糖类有渴求，说明“压力荷尔蒙”正在骤降。这个时候依然需要保证充足的睡眠、多喝红茶或水、拒绝饮料、按时三餐、摄入蛋白质；同时尽量在上午 10 时左右以有利于肌肉和心血管健康的原则进行一定的体育锻炼，也可以多给自己安排一些有趣的活动。

如果最近早晨和晚上感觉很疲惫、常焦虑、易躁动、没耐心、注意力很难集中，这说明“压力荷尔蒙”正在回升。这时可以休息一下，做深呼吸和拉伸运动等；保证睡眠、减少咖啡因和碳水化合物的摄入是必要的；两餐之间，选择吃一些高蛋白质的食物以保持血糖水平，也是不错的选择。

如果近期晚上感觉身心俱疲、睡不香、常起夜、易激动，说明你的“压力荷尔蒙”在晚上是升高的。建议睡前吃些高蛋白食物，以防止血糖降低并提高睡眠质量；不要在卧室看电视、玩电脑、打电话等；卧房里要尽量黑暗、凉爽一些，可以适当做些温和的运动（下午 4 时后是运动的“禁期”）；多补充水分，喝一些补充维生素的鲜榨果汁是上上之选。

当聪明的身体释放出疲惫、烦躁、疼痛、上火等一个个信号时，千万不要逼迫自己忍耐，更不要急于吞下药片，而是给自己抽出闲暇来感受身体的指引，跟随“压力荷尔蒙”的线索，试着调整自己的饮食和作息。这是最好的应对态度，也是排遣压力最好的方式。

针对男女个体的差异，在此提供不同的具有针对性的“减压”方法。

男性：

1. 做些剧烈运动

运动之所以能够缓解压力，与啡肽效应有关。内啡肽是身体的一种激素，被称为“快乐因子”。当运动达到一定量时，身体产生的啡肽效应能愉悦神经。

2. 每天饮茶一杯

红茶是一种非常好的饮料，来自英国的最新研究显示，每天饮茶一杯可以帮助男性减压，从而有利于心脏健康。英国伦敦大学安德鲁·斯特普托对 75 名男性做了一项试验，一组每天喝 4 杯红茶，另一组每天喝其他饮品。结果显示，第一组受试者明显压力更小。

3. 善于整体规划

“一切尽在掌握中”，这种感觉本身就能很好地缓解压力。有选择而不是被动地接受所面临的现实，或许会使人感到轻松很多。最好的办法就是根据事情的轻重缓急列出清单，既能有一个整体规划，又能将一堆问题实现“切蛋糕”，删繁就简，化整为零，各个击破。

女性：

1. 真正想哭就哭

医学心理学家认为，哭能缓解压力。心理学家曾给一些女性测验血压，然后按正常血压和高血压编成两组，分别询问她们是否哭泣过。结果显示，87%的血压正常的人都说她们偶尔会哭泣，而那些高血压患者大多数都回答“从不流泪”。女人该哭就哭、想哭即哭，让眼泪飞，远胜“心有千千结”。女人要自强，真正的“女强人”不是没有泪，而是含着泪在奔跑。

2. 整理工作环境

女性大多在家庭和孩子身上投入了太多精力，所以不妨利用工作环境来减减压。工作之余，顺手给桌上葳蕤的绿萝洗洗澡、把上午没做完的事情分分类，使自己在休息状态和工作状态中自由“切换”。把工作现场收拾得整洁有序，让办公空间充满更多的朝气和生活气息，会带来正能量，使自己精神愉悦，提高工作效率。

颜色减压法，是近年来一种重放异彩的疗法。科学家经过进一步研究证明：医院墙壁上刷淡绿色、浅黄色，可使病人情绪镇静、安适，有助于恢复健康；高血压患者戴上有色眼镜，有助于降低血压；蓝色对感冒有良好的治疗和预防作用；紫色环境可以使孕妇得到安慰等。

3. 学会聆听音乐

澳大利亚曾进行过一项试验，两组大学生被要求准备报告。一组工作时十分安静，另一组播放着音乐。结果显示，静悄悄准备报告的大学生们，血压上升、脉搏加速，而边听音乐边工作的学生，血压和脉搏都很稳定。在医学研究中发现，经常接触音乐的节奏和律动，会对人体的脑波、心跳、肠胃蠕动、神经感应等产生某些作用，进而使人身心健康。音乐无形的力量远超乎个人想象，所以聆听音乐、鉴赏音乐，是现代人很好的生活调剂，对于女性尤其如此。

做不焦虑的父母

一、谁动了你的安全感

焦虑这种情绪存在着特殊的意义，并且对人类生活产生了深远的影响。远古时代，焦虑是人类最重要的“生存工具”之一。人类之所以能够存活发展下来，正是因为足够焦虑。那些不够焦虑的人已经被残酷的生存环境所淘汰，所谓“生于忧患、死于安乐”，这种高度警觉、自我克制的基因特质被一代一代写入类进化的史书里。随着环境的不断改变，这样的本能反应以及大自然曾教会我们祖先“有备无患”的很多能力，现如今似乎变成了多此一举。现代人每天焦虑的是房价火箭般上涨的速度、是担心完不成本月的绩效任务、是对于孩子的学习成绩“才下眉头，又上心头”……有时，我们可能都会感到诧异，为什么需要担心的事情总是这么多，不能有片刻的放松和清闲。生活总是紧绷绷的，我们会抖腿、咬指甲、拍桌子，会神经兮兮、坐立不安、健忘失眠……适度焦虑确实能最大限度地调动我们的行动力，以最快的速度为现状去做出改变。可是，焦虑一旦过度，它让大脑一天始终转个不停，我们就会被看不见的恐惧蒙住双眼，从而失去享受生活的乐趣甚至是权利。

有研究表明，长期处于焦虑之中，会让人们过度地关注环境中的消极信息，从而大大降低生活的幸福感和满意度。长期的焦虑还会使人头部的海马区和额前区发生结构性改变或功能减退，影响人们的认知、情绪与记忆力，甚至会对大脑造成损害。其实说白了，长期的焦虑不仅影响我们的幸福感，还会让人变得“丑”而“笨”。

如果一件焦虑的事情过去了，马上就会有另一件焦虑的事情出现，好像进入了一种“我焦虑故我在”的存在状态中，那么，我们对焦虑这件事就真的要重新看待了。也许你的焦虑是一种广泛性的焦虑，它弥漫在你的思想与气质中，让你已经身中“蛊毒”了！

二、我为何总是焦虑不安

1. 焦虑与安全感

说到广泛性的焦虑，我们首先谈谈焦虑与安全感的联系。

人人都会焦虑，但是每个人体验焦虑的程度是有所不同的。不难发现身边总是有这样一群人，他们总是比其他人更容易焦虑。有时候，我们觉得“风轻云淡”“天凉好个秋”，他们却魂不守舍、如坐针毡。这种特质的人更缺乏安全感，更容易感受到所谓的危险，他们往往患得患失、杞人忧天！

赵先生在朋友和同事的眼中严重“惧内”，是一个常常被戏谑的“妻管严”。每天，他老婆都会让他按时汇报自己的行程。如果晚上有聚会，他也必须第一时间向老婆请示批准……身边的朋友都不能理解赵先生的妥协。赵先生曾经一脸无奈地告诉我们：赵太太就是家里的预警系统，每天都会拉好几次警报，她总是担心孩子、担心老公……他说让老婆少操点心吧，她就“梨花带雨”、充满委屈地骂他“没良心”，所以为了家里的安宁，自己能忍就忍了吧。

其实，赵太太的焦虑源于其内心强烈的不自信和不安全感。我们曾经讲过，有一种不安全的依恋类型叫做“矛盾——焦虑型依恋”。具有“矛盾——焦虑型依恋”的症状的人，其父母对她在婴儿时期的焦虑行为的反馈是不稳定的，父母如何回应婴儿的需求是取决于自己的心情的。也就是说，当父母心情好的时候，会积极地应对孩子的哭闹或者“过失”，比如主动拥抱孩子等；当父母状态欠佳的时候，可能会对孩子的哭喊不予理会，甚至对犯错的孩子施以惩罚。这种不稳定的反馈会让孩子极度缺乏安全感。孩子无法确定父母对自己的爱，也不能对自己的言行有一个正确的认识，幼小的她时时刻刻都在揣测“圣意”，终日活在焦虑情绪的笼罩中。长大成人后，“矛盾——焦虑型依恋”的人对伴侣也会是一样，她无法完全信任对方，只能通过一些极端的行为去确定亲密爱人是否爱自己。这些极端的行为表现为“催命连环 call”“一哭二闹三上吊”“回娘家”“摔东西”……她们通过这些方式来获得存在感和主导欲，或许如此能使自己的焦虑症状暂时得到一定的缓解，但是并不能从根本上解决问题。

我们说过，焦虑是其他情绪的面具。对于赵太太来说，焦虑是她潜意识中对亲密关系恐惧的外衣，她并不是真正担心老公会在外面惹出是是非非，更害怕赵先生会弃她而去。但是，她又不知道怎样直接地表达自己的需要（比如希望老公多陪陪自己）。在婴儿时期，她并没有从父母那里和自己的成长中习得这种本领，所以她只能通过如此折腾、控制的方式去确定和获得丈夫对自己的爱和亲。

赵先生的做法，看起来是一个聪明的、不伤害关系的解决方式，实际上也并不能真正解决问题。赵先生的妥协，反而会让赵太太的焦虑行为升级，而且会令她更加回避内心的真实需求；赵先生的一味迁就使自己越来越纠结，终究也会忍无可忍，从而由量变向质变转化。因此，只有找到这些焦虑行为背后的原因，才能真正帮助赵太太缓解她埋藏于内心的痛苦，在认识自己的同时，激发她做出对亲密关系的积极的行为。

2. 焦虑的代际传递

人们对关系的焦虑，源自婴儿时期特定的依恋模式。那么，除了父母不稳定的反馈会造成个体的焦虑特质外，还有哪些因素会让人更容易焦虑呢？这就是我们进一步要探讨的焦虑的代际传递。

焦虑的代际传递是指上一代的焦虑情绪会被传递到其后代身上的现象。我们的上一辈大多生活在物资相对匮乏的社会环境中，吃饱穿暖似乎是大多数人的追求。就像我们的祖先会为了生存而焦虑一样，那个年代的人们也形成了类似的心结，而这种心结并不会随着生活环境的改善而消失。一位前来咨询的女士说起她的外婆包包子的事。外婆每次包包子都会放很多的肥肉，说这样包出来的包子才够香。但是她吃着感到很油腻，所以每次都会把肥肉挑出来扔掉。外婆看到常说："既然不爱吃肥肉，那下次就少放点喽。"外婆下次再包包子的时候，仍然会下意识地放很多肥肉。对此妈妈是这样跟她解释的：外婆生活的那个年代，只有过年的时候才能吃到一点荤腥，平时菜里没有一滴油，大家当时看到肥肉都是“眼巴巴”的……

可以理解这位外婆对于生存状态的焦虑，外婆的焦虑传递到了她的妈妈身上，而这种传递又体现在了她的妈妈对她的过度保护上。比如，从入学到初中，她的妈妈会接送她放学、上学，如果实在没有时间也会找一个能让自己放心的人代劳。即使到了高中，她妈妈也会要求她“早回家”，说外边很危险。读了大学，她的妈妈也会每天晚上雷打不动地打电话，嘱咐她晚上尽量别乱跑，即使大家白天一起出去玩也要早点回到学校里……对外界潜在危险的担忧，就像一个不定时的闹钟一样，无时无刻不在提醒着她的母亲。在她的母亲的潜意识中，好像只有蜗居在家里，心里才有相对的安全。

而更令人关注的现象是这位女士本身也是个非常容易焦虑的人，她常常会担心不被他人认可、担心找不到优秀的“另一半”、担心自己未来的职业发展、面临选择总是犹豫不决……我们可以看到，从她的外婆到她的妈妈，再到她本人，虽然焦虑的表现形式各不相同，但根源却是相同的：总是在为一些可能发生的、不确定的事情而焦虑。这些现象，与每个人所处的时代背景息息相关，外婆担心“吃不饱”、妈妈担心“社会的危险”、自己担心“不确定的未来”，三代人形成了焦虑的代际传递，这种传承还会持续下去吗？

当父母患有焦虑障碍时，使得孩子患焦虑障碍的风险增加了，这可能是因为父母的焦虑情绪强化和熏陶了孩子的焦虑行为。每个焦虑的妈妈很可能教育出一个焦虑的孩子，而孩子在成长的过程中，如果没有得到适当地修复，那么其为人父母后，仍会把焦虑情绪的“基因”传递给后代。

《愚公移山》中说：虽我之死，有子存焉；子又生孙，孙又生子；子又有子，子又有孙；子子孙孙无穷匮也……现在很多家长的焦虑是有家族遗传史的，如果作为父母仍然不注意改变自己的话，焦虑将会继续传承，并且有“发扬光大”的态势。

三、掀开焦虑的面纱

在教育孩子的过程中，一些家长的选择越多，焦虑反而会越多，如：上哪所学校、学什么特长、选哪个职业……甚至吃什么样的食品等，生活中的一切选择都好像变得非常困难！应该怎样做才能放下焦躁不安的心呢？

1. 训练关注生活的积极面

心理学家认为，人们对事物的关注点是可以训练的。由于焦虑者会习惯性地去关注外界的消极信息，所以在生活中尝试着有意识地提醒自己去更多关注事情积极的方面。经过不懈和正确的训练，是可以在一定程度上降低自己的焦虑水平的。每天可以记录生活中的“小确幸”，这个词来自于日本作家村上春树的作品，意为“微小而确切存在的幸福”，比如冬天里的阳光、发现去年的大衣口袋里有 50 块钱、接起电话来听到的正是刚才挂念的朋友的声音、刚好赶上末班车……积极心理学告诉我们：积累小的快乐，就会提升我们的幸福感。

我们的思想很大程度上基于情绪，而且其中大部分可能难以控制。有一个积极的心态，可以让你保持开放的头脑，帮助你在不同的情况下放开心灵。拥有一个好的心态去热爱生活，去坚持做那个最为真实的自己，不言弃、不抛弃、也不放弃，用微笑去接受生活带给我们的洗礼。只有心态好，积极面对生活，才能享受生活带给我们的幸福与喜悦！

2. 冥想放松

我们曾经多次提到过冥想训练，它的好处可以说是不言而喻的。每天坚持冥想训练 5 至 10 分钟，即使是最简单的腹式呼吸，也能让焦虑的你在最短的时间内平复下来。冥想，许多想法浮现出来，认识一个连我都不认识但有熟悉感的自己，更从容地接受当下的自己，更理解自己的想法。相关研究告诉我们，深呼吸 3 次，你的情绪就会有所平复。所以即使再生气、再紧急、再难过，请先做 3 个深呼吸，通过冥想让自己放松下来。冥想后，精神与体力都恢复极好，就像睡了一觉似的。在繁忙更充满压力的钢筋混凝土的城市森林里，冥想常常出现在成人的瑜伽训练中，以此放松身心、舒缓情绪。因此，有人说冥想是一种针对脆弱心灵进行锻炼的方法，也是帮助心灵具备不被精神压力和烦恼打败的内在力量。

冥想并不意味着需要信仰什么，冥想放松是让我们更接近自己的心。冥想放松的目的是让我们能意识到我们大脑的思考过程，也称为“元认知”。有人把冥想、读书、健身作为生活中的三大人生习惯，其中道理可见一斑。

3. 自我梳理

如果你在某一个时刻感到焦虑，可以尝试着自我解答：“我因为什么而焦虑？”你可以进一步扪心自问：“除了焦虑情绪以外，我还体验到哪些情绪？是愤怒、委屈、失望，还是悲伤……”如果利用冥想能完成自我梳理的过程，情绪的体验就会更深刻，效果也会更好。

在进行心理障碍自我梳理的过程中，保持乐观和自信的心态最重要。从今天起，你可以尝试放缓步调，待人接物不急不躁，让生活变得富有情趣，藉此修养身心，改善心理问题。面对焦虑等心理障碍时，你越懦弱，它则越强大，直至压垮你的身心。自我梳理的过程，就是强大自我的过程。你可以进行心理暗示，告诉自己是最棒的。应该明白自己是一个单独的个体，一定有着独特的闪光点，学会善待自己、正视自己、提拔自己，给自己以信心。无法自拔之时，不妨去旅游、运动、倾诉、大哭、听音乐、看幽默读物……这都是自我梳理的过程。

自我梳理是以自我为中心，帮助自己找到一个内心的整理习惯或思维模式。后现代构建主义认为：客观世界发生的一切，从本质上对你来说并不重要，而你怎么看待、怎么构建这件事情，对你才是意义非凡的。

四、孩子的焦虑

很多家长可能会有这样的疑问，小孩子有什么可以焦虑的呢？既不用操持柴米油盐酱醋茶，又无须操心升职加薪再就业，他们只需“两耳不闻窗外事，一心只读圣贤书”。

上面的想法是要不得的。很多时候，我们为了让孩子“好好学习，天天向上”，不会告诉他家庭内外的大事小情，让他饭来张口、衣来伸手，甚至于让孩子成了“中国的小皇帝”……觉得这样做就是合格的家长了，因为我们竭尽所能地呵护着他们。其实，孩子的内心感受要远远超出我们的想象。成人的焦虑、家庭的紧张气氛等，孩子都能真真切切地感受到。我们愈是回避或遮掩，愈会让孩子担心和浮想联翩：我觉得家里的气氛怪怪的！发生了什么事？为什么爸爸妈妈不告诉我？难道是我做错了什么吗？难道他们不再爱我了吗……即使孩子追问，我们可能只会说：“怎么会呢？别瞎想了，赶紧去学习吧……”这样的回答，不仅不能消除孩子的担忧和疑窦，反而会使孩子的焦虑变大，他们会更加坚定、更加清晰地认为他们的猜想和判断是正确的。

因此，当我们遇到困难而感到焦虑时，或者孩子对此表示出好奇、疑问或者担忧的端倪，那么我们就需要选择一个合适的时间、以一个恰当的方式告诉孩子其中的梗概，这样可以直接避免孩子产生不必要的焦虑情绪，也能让孩子清晰地感觉到父母对他的重视和坦诚。所谓恰当的方式，即避免自己的情绪化，秉持温和的态度，简单明了地以孩子可以听得懂且能接受的语言告诉他，让他明白发生了什么？他需要做什么？可以怎么做？重要的是让他可以安心而非焦虑重重。无需担心这样做会影响到孩子的学习，正好相反，这其实是促进孩子成长的非常好的节点。在这种成长里，孩子可以学习什么是责任和担当，而且孩子也会在家长的重视和坦诚下，表现出超乎寻常的配合与善解人意……反过来，这也从很大程度上缓解了大人的焦虑。

有些时候，我们无法给孩子充分和稳定的安全感，这并不是我们的错。我们父母所处的年代，经济非常落后，信息特别闭塞，家庭教育相对于基本生活是一个陌生的概念。理解不了父母，是因为我们没有经历过父母年轻时候的风风雨雨，他们饿过肚子、出过苦力、过过苦日子，这些都是我们没有经历过的生活。因为没有经历，所以理解不到。不要把父母和长辈当成时代的落后者，不然有一天，你的孩子也会将你当成同时代的落后者的。没有习得完整、恰当的爱的能力，本身就缺乏安全感的我们，同样也无法给予新时代的孩子以稳定、适宜的安全感，这无可厚非。但只要我们意识到问题的存在，就有机会去完善。当然，这并不是一蹴而就的事情。只要乐意为了孩子去改变，我们和孩子就一直前进在向上的路上。

五、停止传递焦虑

曾听一位妈妈说起她和孩子的趣事。孩子今年刚上小学一年级，字得写还不怎么好。看到孩子写的字低于自己界定的标准，她就会抢过橡皮帮孩子擦掉，让孩子重新再来。我问她："为什么一定要苛刻地让他写好字呢？"她想了想，说："可能因为我小时候没能好好练字，以致写的字一直很‘丑’，所以就想让孩子把字写好吧！”我能感受到这位妈妈的焦虑，我想她的孩子一定也能感受到。我甚至似乎看到当她毅然擦掉孩子写的字时，孩子脸上的表情……后来，这个妈妈也自嘲道：“哎，我们大人平时都不能好好地写字，又怎么能要求孩子一定要达到尽善尽美呢……”

我们做不到或者没有机会做到的事情，反而会要求孩子做到。这种要求，带着我们的焦虑，也带有我们的控制。在潜意识里，我们认为孩子也可能做不到，以致我们更加焦虑。通常情况下，这是一个不争的事实，我们的焦虑不但会传染给孩子，孩子还会无意识地将它放大。就像刚刚提到的这个孩子一样，他可能会变得小心翼翼，下笔写字慎之又慎，甚至可能会因此无精打采、睡不好觉或者做事犹豫、谨小慎微。这个孩子的焦虑得不到有效地排遣和解决，不仅可能因为焦虑而把字越写越差，更会在成长的道路上失去应有的快乐。

我们在电视上看过这样的画面：一个人对一场重要的演讲做了非常充分的准备，但是却在上场的时候因为过度紧张而错漏百出。这种过失和前面那个孩子的字越写越差的道理是相通的。为什么要过度控制孩子的学习和生活呢？我们不妨从孩子的房间里走出来，看看书、踢踢腿、收拾收拾房间，或者干脆下楼聊聊天、买买菜、附庸附庸风雅……总之，就是尽可能地分散自己对孩子的注意力。因为，那些焦虑是你的，不是孩子的，永远不要想让孩子来为你的焦虑“付息”或“买单”。成功地分散了自己的注意力，你再静下心来打点你的焦虑。当你以一个较为放松的状态再次来到孩子身边时，这种感觉同样会传达给孩子。你会惊奇地发现，孩子也变得更放松、更专注、更聪慧……你们在一起的“合作”，也会变得更高效、更合拍、更快乐……

六、帮助孩子缓解焦虑

焦虑源于情感上的不安全感，怎样做才能给予孩子恰当的情感支持并帮助他们缓解焦虑呢？第一要义是我们要分清，孩子是因为什么而焦虑？

1. 因分离而焦虑

很多家长因为工作等原因，不能经常陪伴孩子，甚至出现老一辈带孩子、邻居朋友代管孩子的现象，这种状况下的孩子多半会产生分离的焦虑。即使你从未和孩子长期分离，但其实像断奶、分床睡、去幼儿园上学等，这些看似正常的事情都会引起分离焦虑，而且很可能是亲子双方的。可以说，分离焦虑是一种面向成长的焦虑，就如同父母之爱是面向分离的爱一样。我们只要正确认识分离焦虑的存在，在能够处理好自己可能也存在的分离焦虑之后，再恰当地帮助和引导孩子就好了。孩子对于分离的负面情绪，也许是因为担心父母是不是想要抛弃自己了、是不是不爱自己了……从而产生的一系列担心、恐惧、犹豫等。所以，在孩子必须面对分离的关键期，我们可以提前做些相关的准备，以从容地应对可能出现的特殊情况。曾有个来咨询的妈妈很焦虑地对我讲：“我的孩子大概得了你们说的那种‘分离焦虑症’！”到底什么是“分离焦虑症”啊？

凡事都要加个什么“症”，总有点危言耸听的嫌疑。其实，她3岁的儿子只是哭闹着不肯去幼儿园，爸爸说不去也得去，男孩子每天大哭大闹地折腾一阵子。妈妈舍不得孩子这样，看着孩子的难受而难受，由于自己也要工作，终究无可奈何。在“妈妈群”里，这个妈妈听说孩子的这种现象系“分离焦虑症”使然，以致自己坐卧不宁、心惊肉跳，从而陷入深度的自责或内疚之中，觉得是自己没有照顾好孩子……其实，这样的情况再正常不过了，父母家人不要太过急躁，要给予孩子一定的时间适应新环境。当我们觉得孩子如此不“可爱”的时候，就更要给予他安全感，让他感觉到“被爱”，也让他循序渐进地适应分离的“历练”。

未处理好的分离焦虑，会伴随我们很长的时间。有一位咨询的来访者曾讲述他小时候的事情。他的妈妈在外地工作，难得有休假回来。每次要走的时候，妈妈心里非常难过，总是不提前告诉他，而是趁他还熟睡的早晨“偷偷溜走”。长此以往，以致他在亲密关系中总是会担心“那个人”突然就不见了……他由此还落下了“不堪”的睡眠障碍，他似乎总是在担心自己睡得太熟——妈妈就“溜之大吉”了！

我们应该先处理好自己的情绪，才能在分离面前更有勇气地为孩子做出示范。比如，找一个合适的时间，用“孩子的语言”跟孩子进行交流，或者根据即将要发生的分离事件跟孩子来一场实景角色扮演，也可以动手制作一个代表你的娃娃、画一幅你和孩子的画、录一段充满爱意的视频……目的是让孩子感觉到即使你暂时不在身边，爸爸妈妈的爱和关注也依然“弥漫”。

在这里，需要强调一点：永远不要吓唬孩子，尤其不要说要抛弃孩子之类的话。举一个简单的例子，星期天的闲暇，你带儿子在商场里逛，顽皮的他四下乱跑、横冲直撞。你可能因而生气并大喊：“你再不听话，我就不要你了，把你扔在这儿……”类似这样的话语，会直接激起孩子内心对被抛弃的恐惧和焦虑。所以，遇到这种情况时，与其吓唬孩子，不如直接将他“拖走”，把“拖走”变成一场游戏或引导，如：“我们必须5分钟后在商场门口集合”或者“让我们去滑冰（儿子的爱好和特长是滑冰）场再见吧”……

2. 因内疚而焦虑

如果孩子做错了某件事或者有不恰当的想法，家长的直接指责很容易让孩子产生内疚。适度的内疚有助于孩子规避违反社会规范的行为，但过多过度的批评和谴责会让孩子产生不必要的自责，进而引发焦虑和不安。这个时候，家长不去一味地指责孩子，而是直截了当地提出需要改变的地方，会让孩子感受到巨大的安慰和安全。孩子心里会这样想：“爸爸妈妈不但能理解我、尊重我的想法，还能教给我更好的、更合适的处理方式……”比如家长可以这样说：“你的做法对你来讲好像是正确的，我尊重你的做法，但是我有不同的看法……”然后，再去跟孩子讨论他这样做或有这种想法的真正原因。

在面包店，一个小男孩自己拿面包时碰掉了货架上的几个面包，他犹豫了一会儿，然后走开去找妈妈了。这时店员大声说：“小朋友，你把面包弄得掉地上了。”孩子的妈妈跑过来，生气地对店员说：“行了，算我的就好了，不要对着孩子吼！不就是几个面包吗，大不了给你钱！”妈妈接着转回头，恼火地对小男孩说：“你乱跑什么啊，弄掉了就给妈妈说吗，毛手毛脚的，整天给我惹祸！”小男孩的脸涨得红红的，显得又委屈又尴尬。妈妈这样的应对能让孩子学会勇敢地去承担责任吗？显然不能！如果是一个聪慧的妈妈呢？她完全可以这样对孩子说：“哦，快过来吧，孩子，你是跑过来给妈妈说你不小心把面包弄掉了，是吗？那我们给阿姨快道个歉吧，赶紧帮阿姨捡起来。这几个，我们可以买下来！”妈妈没有批评，一般会比较容易引起孩子自己的反思。小男孩对妈妈说：“妈妈，我下次会小心的，这几个面包不是太脏，我们带回家给狗狗吃吧，它特别喜欢吃奶油，行吗？”妈妈此时要赶紧附和说：“嗯，好主意！下次遇到麻烦事，千万不要怕，第一时间告诉爸爸妈妈，然后我们共同想想怎么去解决，这才是最重要的！”

3.“一键”法快速缓解焦虑

这个方法是美国临床心理学家劳伦斯·科恩博士发明的，我们把它起名为“随意抖动”。顾名思义，就是随意地抖动身体的某个部位，比如手、脚、胳膊、腿等。在随意抖动的过程中，家长要放下不必要的尴尬，变身成为孩子，并带领孩子一起进行这个游戏。如果你感觉到孩子强烈的焦虑情绪，可以找一个合适的、不会打扰到邻居的时间，播放一首很“嗨”的歌曲，并随着歌曲用尽全身的力气大喊、大跳、踢腿、甩胳膊……这样全然地放松和宣泄，不仅能快速缓解孩子的焦虑，也能将爸爸和妈妈的焦虑尽情地释放。在一起“疯”的过程中，也增进了父母与孩子之间的认同感和亲密感，可谓是一举多得的好办法。如果你实在不擅长“动”，也可以和孩子一起唱歌、画画或者进行手工制作……总之，能够快速让焦虑的情绪进行改变和反转的游戏，就值得我们共同实践和推广。

我们和孩子真正的联结有两大方式，一是关心和爱抚，给予孩子所需；二就是游戏。在谈到游戏育儿的优势时，科恩博士表示，游戏的方式可以让父母与孩子之间的关系更加紧密。同时，这种方式也能够帮助孩子建立足够的自信心，对其以后的生活工作都会有帮助。

以轻松、自在、共情的方式去理解和支持孩子，同时用游戏的方式去倾听孩子，以一种更轻松的态度迎接所有的挑战，作为孩子的养育者，何不试之？让我们放松地玩起来，将游戏带入养育生活、带入孩子的生活，因为游戏就是孩子的生活方式，也是他们的学习方式。

养育是一个非常私人化的过程，它源于我们内心深处。家庭教育从来都不是单方向的，在养育孩子的过程中，父母要做的不是机械地控制和教导，而是和孩子一同成长。好的教育就是你不但能供给孩子恰当的爱，也能让孩子反馈给你曾经缺失的安全感。假若如此，我们和孩子不仅能抵挡住焦虑的侵袭，也将会建立起坚实而安全的依附关系。

积极情绪的力量

一、生活是“喜茶”还是“丧茶”

很长一段时间以来，“丧文化”在都市年轻人当中不胫而走。曾在北京三里屯举行的为期 3 天的“丧文化街头派对”，竟然吸引了上万人参与，再次将这一青年亚文化带入了人们的视野。什么是“丧文化”呢？就是年轻人圈子流行一些看上去有点消极、有点可悲、有点绝望但是又有着迷人气质的事物。在网络上爆红的“葛优躺”剧照，是这场“文化运动”的始作俑者。照片上，满脸胡茬、头发蓬乱的葛优双目无神，懒散地瘫在沙发上。画面中“我只想静静地躺一躺”的消极无力感，迅速唤起了当下年轻人的共鸣。随之，“我差不多已经是个废人了”“感觉身体被掏空”“生活就是到处碰壁”“咸鱼总有翻身的一天但还是咸鱼”等带有绝望性质的流行语爆炸式地传播开来，成为年轻人新一轮的个性标签。

“丧文化”的流行表征，充满着年轻人的自嘲与颓废，充斥着悲凉、失落、孤苦、自贬的意味，充盈着得过且过的生活状态。“丧”的背后可能就是一种抑郁情绪和悲观态度，它表现出无力感、无意义感和低价值感。

我们看到，“抑郁症”这个词汇抛头露面的机会越来越多了！悲观发展到严重的地步就是抑郁。调查显示，当前严重抑郁的人数比 50 年前多了 10 倍，而且发病期比上一代人早了 10 年。中国抑郁症患者早在 2007 年就已达到 3000 万人，随着社会压力的不断增加，这个数量还在不断地增长，目前已经达到 9000 万之多。每年大约有 100 万人因为抑郁症自杀，自杀已经成为中国 15 岁到 34 岁的青壮年人群的首位死因，而在这些自杀的人群中，患抑郁症的占了 60% ~ 70%。

承认自己有点“丧”，好像也算是赶赶时髦！其实，这也说明了一个问题，人们能够发现和承认自己的消极情绪。所以，急需一味良药来帮助我们扫除抑郁的阴霾，这就是我们要讲到的乐观。什么是乐观呢？是“天塌下来有高个子挡着”的心态？还是阿 Q 式的“精神胜利法”？是每天对着镜子说“我是最棒的、我是最美的”！还是想象自己晋升成功或者中了 500 万元大奖？这些现象可能是乐观的某种表现形式，但是乐观的积极性思维远不止如此。

曾经有个咨询来访的大男孩说：“我已经把贴在书桌前的那些自我激励的口号撕掉了，即使我每天对着镜子说‘我是最棒的、我是最独特的’，可我依旧看起来像个 loser！”所以乐观并不只是乐观的积极的语言和想象成功的景象，乐观或者悲观在于我们如何看待和解释成功与失败的原因。

二、我们是如何变得悲观和乐观的

1967 年，美国心理学家塞利格曼（Seligman）用一条普通的、未经训练的狗做了一项经典实验，起初把狗关在笼子里，只要蜂音器一响，就给狗施加难以忍受的电击。狗关在笼子里逃避不了电击，于是在笼子里狂奔，惊恐哀叫。多次实验后，蜂音器一响，狗就趴在地上，惊恐哀叫，也不狂奔。后来实验者在给电击前，把笼门打开，此时狗不但不逃，而是不等电击出现，就倒地呻吟和颤抖。它本来可以主动逃避，却绝望地等待痛苦的来临。因为它已经知道，那些努力是无用的。对于动物的这种无助现象，科学家表述为“习得性无助效应”，指因为重复的失败或惩罚而造成的听任摆布的行为。

1975 年，塞利格曼用人当受试者，结果使人也产生了“习得性无助”。为了证明“习得性无助”对人的学习有何消极影响，塞利格曼又做了另外一项实验：他要求学生把下列的字母排列成字，比如“ISOEN，DERRO”可以排成“NOISE”和“ORDER”。学生要想完成这一任务，必须掌握“34251”排列规律。实验结果表明，原来实验中产生了无助感的受试者，很难完成这一任务。随后的很多实验也证明了这种“习得性无助”在人身上也会发生。因此，对于人类而言，“习得性无助”指通过学习形成的一种对现实的无望、无可奈何的行为以及消极的心理状态。

“习得性无助”最常见的描述是：一个人消极地面对生活情况，经常没有意志力去战胜困境，而且相当依赖别人的意见和帮助。这其中的原因不单是生活情况的改变，或是特殊的生活体验，有时服用药物也会造成这种心理困境。当一个人“习得性无助”的时候，就会形成悲观的思维方式。想一想，我们是不是只有在觉得做什么都于事无补的时候才会产生放弃的念头？相反，在我们觉得对一件事有控制力的时候，是不会自暴自弃的。

对事情的解释风格往往决定了我们是乐观的还是悲观的。所谓解释风格，直白来说，就是糟糕的事情发生在我们身上时，我们习惯于怎么解释它的发生。乐观的归因风格，可以阻止“习得性无助”；悲观的归因风格，则会散播“习得性无助”。

前段时间朋友聚会，有位朋友的心情非常低落，原因是最近工作业绩上不去，与领导和同事关系相处得也非常紧张。大家纷纷出言安慰他：“别想那么多，这只是一时的困难，没有过不去的火焰山，等你工作上手了，一切很快就会好起来的。”他却仍然愁眉苦脸地说：“我就是个彻头彻尾的失败者，我真是什么也做不好，我真的是太无能了！”这就属于典型的悲观的解释风格。由此也可以看出悲观的解释风格的三个典型特点：一是认为坏事情会持续很久；二是夸大坏事情的消极影响面，这种失败的无助感扩散到了生活的各个层面，让其自认为自己什么也做不好；三是全面否定自我。失败有各方面的因素，但是悲观的人总是怪罪自己，把过失全揽到自己身上，并不惜给自己戴上“无能”的标签，认为自己是个一无是处的人。

法国作家大仲马说：“人生是用一串串无数的小烦恼组成的念珠，乐观的人是笑着数完这串念珠的。”乐观的解释风格认为不好的事情是暂时的、偶然的、局部的，是可以改善的。研究者统计，一般人的忧虑中有 40% 是属于过去，有 50% 是属于未来，只有 10% 是属于现在。而 90% 的忧虑从未发生过，剩下的 10% 则是一般人能够轻易应付的。乐观的人会有更高更稳定的自尊水平，就是说他们对自我价值有稳定的认识，不会轻易被外界的评价、被挫折的经验所动摇。高自尊水平，并不是一般意义上理解的所谓自尊心强、敏感、脸皮薄、要面子、不愿意认错道歉、听不得批评……这些恰恰是自尊水平低的表现。一个自尊水平高的人，不仅拥有更灵活的自我调节功能，而且突出表现出包容、韧性强、勇于认错、可以承担责任的特质。

三、如何乐观和幸福

第一个方法——重写规则

这里的“规则”，其实就是我们对生活、事业、人际关系等抱有的一种心理预期。归根到底，所有的生气、愤怒、悲观等消极情绪都源于别人的行为和想法达不到自己心里的设想。我们感到失望，因此而愤怒，我们此时就需要理性设置期望和标准。

现代心理学之父威廉·詹姆斯（William James）在 100 多年前就给出这样一个公式：

自尊＝成功 ÷ 自我期望

这一公式表明：一般而言，个体目前的成就动机是比较稳定的，因此人的自尊水平与其自我期望或者追求水平成反比，即自我期望值越高，其自尊水平越低。换言之，对于低自尊的个体，存在两条提高自尊的途径：或者提高其能力水平，尽力取得更大的成就；或者降低其雄心、抱负或期望。这两者均能减少能力与追求水平之间的不一致性，进而达到提高其自尊的效果。

你期望自己在期中考试中得 100 分，如果拿了 90 分，你对自己的满意程度就是 90%，心中可能会有些失望，甚至在极端思维者眼里就是彻底失败了。很多时候，孩子明明应该给自己定个更高一点的标准，却比较务实和低调地给自己定了一个 80 分的中考目标，结果得了 85 分并且对自己的表现很满意，但是孩子体会到了 100% 的自尊感。孩子这样做，你可能觉得这是不对的。古人云："欲得其中，取法其上。"有道是：有什么样的目标，就会有什么样的人生。但是事实却不是这样的！相信很少有人知道如何训练跳蚤，把一只跳蚤放在一个瓶子里，并盖上瓶盖。跳蚤会不断地往上跳，而且还会撞到瓶盖。如果你仔细观察片刻会惊奇地发现，跳蚤还是会继续跳，但是不会再撞到瓶盖了。就算把瓶盖打开，它也不会再跳出那个瓶子了。其实，其中的道理很简单，因为碰得"头破血流"，它索性降低了跳高的高度，并且适应了那个高度，不再自我改变或调整。跳蚤给自己设定的目标过高，碰到挫折后，自己降低了目标，同时把自己也囿于较低的层次内。

跳蚤如此，人也一样。孩子把自己的目标或自我期望定得太高，往往适得其反，会让自己难于更上一层楼。当然，如果发现孩子总是难于挑战可期望的更高一点难度的目标，此时，你不要着急，请给予孩子机会并且逐步建筑起一个自尊自信的台阶，同时积累向上的信心和勇气。很多时候，稳步推进、小步快跑，"定了 80

分的目标、得了85分”不啻为聪明和妥帖的选择。

第二个方法——认知疗法“ABCDE”技术

认知疗法为我们改变悲观消极的思维模式提供了非常具体可行的方法，它可以分为“ABCDE”5个步骤：字母A代表“不好的事件”；字母B代表“信念”，也就是对于事件A的解释；字母C代表“后果”，即自己产生的情绪及行为；字母D代表“反驳”，指的是反驳自己消极的解释；字母E代表“激发”，完成“ABCD”之后产生的积极的情绪、行为及自我激励等。那么，具体怎么做呢?

第一步，尽量客观地记录下“不好的事件‘A’”。

第二步，记录自己对于“A”的看法，并解释“B”。需要注意的是，看法仅仅是看法，是对不好的事件的解释。我们要把看法和感觉分开，这样可以更加有效地进行反驳。

第三步，记录自己的情绪和行为反应。大多数时候，情绪反应“乱花渐欲迷人眼”，可能不仅仅是一种，我们要记录下所有的情绪反应和行为反应。

第四步，反驳，这是其中最重要的一环，它担负着改变原有的、带来不良情绪和行为的消极想法的任务。一旦发现自己非常焦虑或生气时，就问自己“我对自己说了些什么”，如果这个想法是消极的，就立即通过提出反证“有没有其他可能”“这么想有用吗”等方式来驳斥消极的想法。你可以把这些想法想象成另一个人的声音，是他在和你说话：“哦，你可真没用啊，这点小事儿都搞砸了，年终奖泡汤了，下岗非你莫属了，带着这样的履历再也找不到好工作的，你的人生毁了……”这个“他”可真够损的，对不对？你要有理有据、不屈不挠地和他一争是非、一较高下，相信你一定可以无坚不摧、无往不胜！

第五步，作为辩论的获胜方，你可以记录下自己成功的经验，及产生的积极的结果。

如此“五步”坚持使用，就可以进入积极乐观思维的良性循环。不过说来容易做来难，坚持与自己的消极思维针锋相对，需要毅力与方法。所以，每做到一次，请一定给自己一个奖励，可以大快朵颐一次，更可以睡个天昏地暗补补觉……积极和乐观是财富和幸福的前奏，这也是心理学家早有的实证。

第三个方法——微笑的力量

微笑能刺激我们大脑激励的机能。英国研究人员发现：一个微笑产生的大脑刺激，可以等同于2000块巧克力糖的影响。美国加州大学伯克利分校进行了一项长还30多年的研究：通过测量学生毕业照片上的微笑，研究人员能预测学生的婚姻和幸福指数。结果发现，那些以微笑“上镜”的女学生，婚姻关系较好、幸福指数较高。

笑还可以让我们更健康，甚至看起来更聪明、更有能力。美国斯坦福医学院的一位精神病专家指出，当你大笑时，你的心肺、脊背和身躯都得到了快速锻炼，胳膊和腿部肌肉也受到了刺激，你笑后的血压、心率和肌肉张力都会降低，从而使你放松。

在接受央视《面对面》节目记者的采访时，李连杰曾经说，有个外国人问他，你认为最厉害的中国功夫是什么？他回答说是“微笑”。微笑是我们最厉害的功夫，也是人类最好的语言，微笑更能带给我们非凡的力量！

1914 年 12 月的一个深夜，爱迪生的制造设备被一场大火严重烧毁，他还损失了绝大部分难以用金钱计算的工作记录。第二天清晨，他在埋藏了他多年劳动成果的灰烬旁散步，并微笑着说：“灾难有灾难的价值，我们的错误全部烧掉了，现在可以重新开始。”在此之后，爱迪生更是用微笑面对挫折，并最终成为了举世闻名的发明大王。爱迪生的成功，不能不说是靠着微笑的支撑，是微笑的巨大力量，助推他拥有了辉煌的成就。

四、悲观与乐观的平衡

福克斯教授在他的著作《晴天大脑，雨天大脑：关于乐观主义和悲观主义的新科学》中指出，每个人的大脑中都有晴空万里的乐观主义的一面，也有阴雨连绵的悲观主义的一面。追求愉悦和期待奖励是人类与生俱来的天性，但为了在嘈杂危险的地球上存活下来，人类的大脑也需要保持必要的警醒。乐观主义的大脑让我们更关注与快乐相关的信息，而悲观主义的大脑则恰好相反。每个人既是乐观主义者，也是悲观主义者，但大多数人大脑中的乐观主义相对占上风。然而，由于遗传及后天原因，也有人更趋向悲观主义。因为大脑会下意识屏蔽掉被认为不那么重要的环境信息，这种乐观与悲观的差别便会直接影响人们对某件事情的解读和判断。所以我们都不可能是绝对乐观或者绝对悲观的人，而这两种态度对我们又都是有用的。

积极心理学的研究进一步发现，乐观与悲观或者说积极情绪与消极情绪的最佳配比是 3∶1。也就是说，一旦你产生了一份负面情绪，就应该“准备”三份积极情绪来抵清它。在一项商业团队和积极情绪的关系实验中，高绩效团队的积极率为 6∶1，低绩效团队的积极率远低于 1∶1，混合绩效的团队大约在 2∶1。缺少了消极情绪，人会变得轻狂、不踏实、不现实。因此，积极率也有一个上限，这个上限就是 11∶1。

乐观与悲观，有点像浮力和重力的关系。浮力把我们举向天空，重力则把我们拉向地面。仅有浮力，我们就会飘飘然、轻狂、不现实。唯有重力，会让我们在大堆的痛苦中坍塌。因此，这两者需要适当结合，既能让我们振作、灵活、乐观，又能让我们脚踏实地、规避危险。

世间万般事，其中大多是我们所无力左右的，但情绪并不在其中。当你快乐的时候，整个世界便不再暴躁。只有活出乐观、幸福的自己，才能培养出乐观、自信的孩子。

五、如何培养乐观自信的孩子

家长们对孩子的学习真是铆足了劲儿，为了让孩子上个好学校，拼死拼活也要买个“学区房”。解决了孩子的入学问题后，还要千方百计给孩子调座位、与任课老师混脸熟等。2019 年春晚的节目《占位子》，将家长们的所思所想表现得淋漓尽致。节目中，家长为了给孩子抢个好座位，不惜上演全武行，虽说有些夸张，但确实是现如今家长的真实写照。孩子入学安稳后，又要抓紧给孩子报N个辅导班，否则怕落在别的孩子后面；为了让孩子全面发展，还要进行各种才艺培养、定期带孩子旅游增长见识……总之，只要为了孩子，家长们可以说是八仙过海、各显神通了。

对于孩子，已经没有什么“穷养富养”论，说到底大都在富养，工薪阶层也是如此。近来，我们似乎也发现了为了富养而富养的诸多弊病。最初被富养的一代已经长大，有些出了国，有些走上了社会，各种负面新闻让我们揪心！这些孩子被养成了一堆“行走的人民币”，却缺少最基本的意志品质，精神世界极度匮乏。所以现在又提出了“精神富养”的观点，精神富养是怎样的养法呢？这个说起来简单，做起来可比在孩子身上砸钱难太多了。物质富养需要我们的钱包鼓鼓，精神富养则需要我们自己的精神世界足够富足。精神富养，与乐观、积极、幸福感息息相关，我们在给予孩子无条件的爱的同时，更应该充分地尊重与关注孩子，用我们乐观积极、幸福丰盈的生活状态去感染和引领孩子，潜移默化和模仿历练是孩子学习的最好形式。

意大利影片电影《美丽人生》里面的父亲是一个乐观而有趣的男人，即便被关进了集中营，也努力地为年幼的儿子营造出一个游戏的情境，他让儿子在暗无天日的集中营里免除了心灵的恐惧与折磨。走在被杀害的路上，他也故意走出滑稽的步子，让躲起来偷看的儿子露出开心的笑。父亲帮儿子照亮了集中营里的童年，这是这个父亲遗留给孩子最大的人生财富。

日本作家岛田洋七的《佐贺的超级阿嬷》里，8岁的昭广被母亲送到乡下的阿嬷家里。虽然家徒四壁、生活清苦，但是乐天知命的阿嬷总有神奇而层出不穷的生活绝招。在物质匮乏的岁月里，阿嬷丰富了昭广的心灵，让家里随时洋溢着笑声与温暖……阿嬷边走路边拖着吸铁石，以随时捡废铁，她说世界上有许多可捡的东西，如果只是呆呆地走路不就是浪费吗？在家门口的小河上，阿嬷拦上一根竹竿，就可以“截住”随流而下的树枝、蔬菜及上游市场“下放”的东西。阿嬷说这样做不仅可以让河川保持干净，还可以获得免费的燃料，真是一举两得。河川是我们的“超级市场”，不但帮我们“宅配”到家，而且还不用付钱……昭广其实就是作者本人，贫穷、艰辛和被父母抛弃并没有让他成为一个问题少年，凭着苦难的经历和乐观的熏陶，他成长为优秀的作家。他终生最需要感谢的是谁呢？对，是那个温暖乐观的阿嬷，是那个充满人生智慧的乡下老奶奶！

培养自信乐观的孩子，首先要做自信乐观的自己。乐观是一种智慧，也是一种可以培养的能力。怎样帮助孩子成为一个乐观自信的人？孩子的乐观自信从哪里来？其实，孩子在成长的过程中、在适应这个世界的经历中，会获得一波又一波积极的力量感，即自信力。

孩子的第一波自信力，来自于孩子刚刚出生时获取的基本生存所需要的能力。孩子来到这个喧嚣、浮躁的世界上，凭借着弱小可爱和楚楚动人的“第一印象”，就足以从照料者那里换取可口的食物、安全的庇护以及无私的爱心和关怀。由此，婴儿获得了对于这个世界最初的自信：我哭，就能喝到奶；我笑，就有人跟着乐……然而，挫折和失望同样不可避免。我哭，没有人过来；我继续哭，没有人过来；我笑，没有人理我；我想要某种东西，它也没有出现……所以这时候，需要一个敏感的妈妈，可以适时适度地对婴儿的需求做出响应，这是婴儿获得自信与乐观的基石，即安全感。婴儿会乐观地相信："我饿了，奶瓶会送到我嘴边；尿布湿了，我哭后就会换上干爽的……"小婴儿认为心想事成和召唤妈妈是他的能力，而如果得不到响应，就可能对这个世界充满了怀疑……

第二波自信力，来自孩子蹒跚学步时。他发现自己可以对别人说"不"、可以坚持己见，他意识到自己是个独立的生命个体。如果这种力量感得到了尊重并且受到爱的约束，而并非被权威镇压，那么成长中的孩子就可以维护他的自我认同而不会伤害任何人。孩子会以惊人的速度学习新事物，使自己尽快地融入世界中。仔细观察学步的孩子，尤其是关注他们在玩游戏时忙碌而专注的样子，你就会感觉到他们每时每刻都在发展着自己的自信力和竞争力。

在这个阶段，我们非常容易忽视孩子的独立意识，往往把孩子身上冒出来的任性行为，看成是无礼挑衅和故意顶撞，却没意识到这是孩子迈向独立意志的积极动力。孩子在这个时候会执着地做一些尝试，如"探索床底下的秘密空间""反复地按开关""去不让他去的地方""做不让他做的事儿"……这个时候，你说你需要一个听话的乖孩子，那孩子的勇敢自信、主动进取又将如何炼成呢？这个时候的孩子需要真实地体验对这个世界的"征服"和"探视"，与其禁止他爬到床下去"探险"，不如尝试给他搭一个安全而有趣的"神秘隧道"，让他可以体验探索未知世界的快感。在这个阶段，被允许说"不"且能够愉快地体验到成就感的孩子，将获得乐观自信的"第二桶金"。

第三波自信力，贯穿于孩子在整个世界中寻找自己位置的过程，尤其是在与同龄人的互动和游戏中。这个过程，也是孩子不断建立并且夯实自尊的过程。自尊的水平决定了孩子能否去挑战挫折和困难，也决定了孩子能否享受到征服更多、收载更大而获得的成就感。

英国作家毛姆说过：“自尊心是一种美德，是使一个人不断向上发展的一种原动力。”自尊心是个人对自己的一种态度，是要求自己受到别人的尊重，不允许别人歧视、侮辱的一种积极情感。自尊是健康人格发展的必备要素之一，它对人的认知、动机、情感及社会行为均有重要影响。所以，保护孩子的自尊心，对于他们身心健康地成长是不可或缺的。

科学研究表明，有高度自尊心的儿童性格活泼，智力发展状况也会比较好。他们更善于表达自己的思想，讨论问题时能主动发言，对周围的事物感兴趣，喜欢探索，富于创造，对自己从事的活动充满自信。那么，该如何培养孩子的自尊呢?

我们最早对于自尊的培养，可能是让孩子能够认识自己，从而形成一个自我概念，这个“自我概念”的内容是非常丰富的，如孩子潜意识对自己有个模糊判断：“我是好的还是坏的？”妈妈说“你吵死了、太烦人了、我干吗要把你生下来啊……”这个时候，“我就是坏的、被嫌弃的”；妈妈说“你好可爱啊、真是我的小心肝”，这个时候，“我就是好的”。孩子不断地收集着他人对自己的反应，在心里拼凑成一个“我”的样子，对自己有一个评价。在还无法用语言描述这个样子的时候，他的心里可能就有一个对自己喜欢或者厌弃的感觉了。这个“感觉”很可能成为他未来自尊发展的一个基调，影响着他成为一个乐观的喜欢自己的人，抑或是一个悲观的厌弃自己的人。作为家长，你总是对自己的孩子不满意，很可能让他也没有办法学会对自己满意。孩子总觉得自己存在着诸多不好，沮丧、愤怒、羞耻、抑郁等负面情绪往往会成为他性格中灰暗的底色。

也许你会说：“孩子表现确实不好，怎么能让我满意呢？”其实，“表现好”与“感觉好”是自尊的两个层面，二者相辅相成、互相作用。通过下面的两个小情景故事，我们一起来讨论一下！

1. 小峰与爸爸谈“考试”

小峰：“烦死了，这次考试，我又考砸了！真是考运不济啊……英语考试，我居然填错了答题卡！”

爸爸：“平常的时候，你总是不专心，考试居然也这样……在你们班，你这次考试排第几名啊？”

小峰：“在班里还是第 3 名，但是在全年级已经掉到第 40 名了……我们班不是‘实验班’，我跟那些‘学霸’没法比啊。高考的时候，如果像这次考试这么倒霉，我就完蛋了……”

爸爸：“每次把目标定得都挺高，你仅仅是叫得响！看着你平常的压力好像很大，我也没看见你在学习上有多么努力啊。想当年，你爸爸我从老家的小山村直接考到北京上大学，然后留在北京工作……”

在班级里，小峰实际上是个学习成绩很不错的孩子，但是他对自己不满意、对未来很悲观。怎样才能帮助小峰“破茧成蝶”呢？

首先，小峰的爸爸要坚决摒弃类似“瞧你爸我多厉害、你怎么这么怂”的态度，这种不满意和贬低都会严重挫伤且日渐消磨掉小峰的自尊和自信；其次，需要帮助小峰合理调整自己的目标和对成功的预期，以积累更多的成就感；最后，要尽可能地给予小峰更多客观和真诚的认可，让他知道自己在别人眼中是可爱的、有价值的，从而帮助小峰重建客观、稳定的自尊与自信。

2. 小丽与妈妈谈“唱歌”

小丽自小喜爱唱歌，经常给大家表演，大家都夸她是个好苗子，说她长大后肯定能“扬名立万”。小丽非常渴望参加学校的合唱团，去参加面试前，她精心准备了一段时间，但还是“不幸”落选了！面试结束回家后，小丽伤心大哭：“我再也不唱歌了，我讨厌唱歌，我根本当不了歌星！”妈妈急忙过来安慰道：“怎么会呢，你特别棒啊，我还是觉得我们家的小丽唱得最好听了！”爸爸也跟着说：“喔，别哭了，当歌星有什么好啊？你聪明、好学、爱钻研，以后咱就当个科学家吧！”奶奶也过来，心疼地对小丽说：“我们家小丽太伤心了！奶奶明天就去学校找找合唱团的老师，我们家小丽唱得那么好，不妨再唱一首让老师们听听，我们家小丽肯定能参加合唱团的！”小丽听此哭得更伤心了，大叫着：“我不唱，我不唱了，我肯定选不进去了，我讨厌那个合唱团！”

在没有面试之前，小丽一直活在大家的交口称誉中，因此自我感觉良好，这其实是平素过度使用表扬的后遗症。小丽的自尊在面试后受到了伤害，负面情绪随之爆发。怎样帮助小丽重拾乐观和自信呢？我们来看看小丽和妈妈的互动吧！

妈妈："妈妈知道你很难过、很失望，如果想哭，你就哭一会吧！"（妈妈理解并且允许小丽有负面情绪，解决情绪才有可能帮助她改变态度）

过了一会儿，小丽止住了哭声，妈妈搂着小丽说："妈妈知道你特别喜欢唱歌，我们也喜欢听你唱歌，老师或许认为现在的你还达不到参加合唱团的标准吧！"

对于一个刚刚历经失败的人，此时说"你是最棒的"并不会有什么帮助。超模奚梦瑶摔倒了，满世界"你是最棒的""谁不会摔倒啊"……这些都是廉价的安慰，不能帮助她重新站起来。父母这样说也会失去孩子的信任，他的心里会犯嘀咕："我妈只会安慰我，其实她根本不是那么想的！"孩子甚至会心里想："总是夸我好，其实他们什么都不懂……"客观真诚地表达，此时才有效。

小丽又在妈妈的怀里抽泣起来："我就是不行，同学们都笑话我唱得难听。"妈妈轻轻地拍着小丽的背说道："你的声带还没有完全发育好，妈妈也没有教过你怎样把歌唱好！其实，妈妈像你这么大的时候，什么都不会唱，后来因为喜欢听歌，就慢慢地跟着磁带学，就好多了呢！

从今以后，妈妈跟你一起练习唱歌，好不好？合唱团下次招人时，我们再去试试，好不好？”

对于落选这件事，妈妈帮小丽重新解释了没能加入合唱团的原因：年龄小而控制不好自己的声音；没有学习过唱歌的方法；以自己小时候唱歌为例，提出了母女共同继续努力和尝试的可能性。妈妈示范的解释风格传递给小丽这样的信息：这次“失败”是暂时的、局部的，并且是有办法改善的。

小丽认真地看着妈妈说：“太好了，我想要学唱歌！可是，下次面试，我还是选不上，怎么办啊？”

妈妈笑着说“如果下次也选不上，你就不学唱歌了吗？”

小丽脸红了，也笑了：“我当然要学啊，反正合唱团每年都要招人，我会唱得越来越好的！哼，再不成，我就自己开个合唱团！”

在妈妈的引导下，小丽恢复了乐观的态度！是啊，不能成为歌唱家，可以自娱自乐啊！进不了合唱团，自己也可以“组团”啊！

乐观者不是没有消极和沮丧的“因子”，而是即使在负面情绪中也不会放弃希望，也可以灵活变通地去应对一切并走出阴霾。积极乐观、自尊自信是一种光芒，无论遇到多大的苦难，我们都能够凭此“跳出自我”，走向前方，从而开启成功和幸福的门扉。

第四章

硬核父母的硬装备：智仁并举的方法论

本部分内容，我们将结合前面的理论体系，为大家介绍一些简单有效的教子工具，并创设情景剧场，以生动的案例帮助大家更好地实践前面的理论，从而灵活地运用到日常的教子生活中。

表扬：让你的语言成为孩子的勋章

说到表扬，我想起一部电影，名字就叫做《求求你，表扬我》，影片讲述的是一个家住农村的打工仔杨红旗，因为父亲当了一辈子劳模，所以他的心里特别期待自己也能受一次表扬。于是，他到报社讲述自己如何解救一名险被强奸的女大学生欧阳花的事迹。可是没有人相信他，他便不断地四处讲述，终于引起了报社领导的重视，派记者古国歌进行调查。做了好事应该得到表扬，可是女孩子的贞操名节却要因此被毁。一面是一生勤恳正直将死之人的盼望，一面是正值青春如花的少女的未来。

杨红旗为了得到公开表扬的执念、女大学生坚持不肯表扬的“私心”，记者在捍卫道义与体谅人性之间的矛盾纠结……这其中给我们提出了几个非常好的问题：“表扬真的那么重要吗”“为了被表扬才做好事吗，没有表扬以后还会做好事吗”“我为什么不愿意表扬你”……

也许真实的生活中，为了要一个表扬，我们不会像“秋菊打官司”那样不惜代价。然而，想被表扬、想被看到的愿望，我们一直都拥有。越是没有被满足，心底越会蓄积成更强大的张力，让我们有时愤愤不平，有时甚至会奋不顾身……一个表扬，可以成为孩子的勋章，也可以成为孩子的枷锁。

一、成亦表扬，败亦表扬

一次，和朋友一家结伴去郊游，我与朋友家的儿子一起坐在了后排座位上。这是个活泼好动的近 4 岁的孩子。可能是与我面生的缘故，小家伙表现得很安静。车开了许久，孩子的妈妈忍不住回头说："儿子今天好乖，真给面子啊！"爸爸也跟着搭腔："是呀，我们小凯最棒了，以后像今天这样才好！"小凯开始听了妈妈的表扬后，努力地让自己坐得更直了些，但随后没有几分钟，他便开始坐不住了，一会儿企图爬到前座去，一会儿掏出吹泡泡的玩具，一会儿嚷着要下车……爸爸被搅得有些烦躁了，妈妈赶紧拿出零食堵住了孩子的嘴，以便让车上安静下来。

父母的表扬为什么没有让孩子继续乖下去呢？你也许会想，孩子就是不禁夸，一夸就得意忘形了！其实，抛开小凯父母表扬孩子的语言技术层面的问题，单单看表扬这件事，对于孩子意味着什么呢？孩子开始很安静，或者是因跟我不熟而拘谨，或者是在新环境下想表现出一个良好的自我形象……但是，一个表扬就是一个评判，这件事情从外部定性了。这很可能和小男孩对自己的期待不符合，所以继续安静地坐着就表示他是一个很乖的孩子，他将去扮演父母对他的"假设"，他随之不愿意了，他开始要做"自己"、要反抗给他的所谓的设定。所以，我们经常在孩子身上发现不禁夸的现象。在心理学上，可以理解为他要成为“自己”的一种反抗，或者说是对外界控制的一种反抗。

小场景

期中考试，儿子的数学超水平发挥，拿了98分。拿着自己的试卷，他兴冲冲地回家给爸爸看：“爸爸，我这次考了98分呢，是不是很厉害？”爸爸乐了：“哈哈哈，儿子就是聪明，果然随我啊！居然考了98分，但是你没有考满分啊，那2分究竟丢在哪儿了？是不是又犯了马虎病了？”

我们分析一下上面的父子对话的潜台词，夸孩子实际上是在满足爸爸的“自恋”：你的优秀系遗传；表扬之后的“但是”实际上是求全责备，致使表扬的功效荡然无存，这是最常见且最煞风景的应对了！

二、我为什么难以表扬/赞美别人

适时地表扬或赞美别人，是一种修养，是一种能力，也是学习他人优点的一个过程。懂得表扬或赞美别人的人，受人欢迎，受人配合，让人没有或者减少距离感。生活中，有的人难以表扬或赞美别人，为什么呢？

1. 有的人认为表扬 / 赞美他人意味着：“我承认了你好，那我就不好了”

发现别人的“好”，并且说出来。这个过程听起来很简单，但是做起来却“不同凡响”。对于身边的人，我们能发现他的“好”，发现之后，更多是羡慕，甚至会嫉妒，偶尔还会恨，但就是不太想告诉他。因为“羡慕”和“嫉妒”的潜台词是：我也想和你一样拥有这些“好”，可是我现在还没有！

前面的“小场景”中，爸爸夸儿子小凯的经典表扬模式隐含着：我把你抬高“一寸”，然后我再“摁”着你的脑袋把自己抬高“一尺”。我可以表扬你，但是紧随而来的一定是一个“欲褒还贬”的部分，这就叫做怕你骄傲、给你鞭策，而在潜意识层面其实是说“我比你强”。

2. 有的人无法表扬 / 赞美他人其实是因为他们无法表扬自己

我找不到“词”表扬你，我无法发现你的“好”，是因为我无法发现自己的“好”，我对自己充满了攻击、苛责和批评，我经常能发现自己的“不好”。

给大家讲一个并非笑话的笑话。

多年前，我是学生“成长班”的导师。记得有一次，我们做了一个“优点大轰炸”的活动。活动中，需要每一个同学都列举出别人的优点，当我问大家有没有人主动第一个开始说的时候，全班出奇地静默……我用鼓励的眼神望着他们。最终煎熬了好久，一个男孩子站起来向我解释："老师，你让我们说'优点'，真的不好说。如果你让我们说'缺点'，我保证大家可以说到冬去春来！"

人是社会性动物，人人需要被认可，这是我们的内在需求。从小到大，我们接受的教育就是不断和"别人家的孩子"比，不断地否定自己。好像不断地否定自己，就可以让自己变得更好、就可以像"别人家的孩子"那样、就可以成为"完美"的自己！

无法表扬自己的人，他们内心的潜台词通常是："我不知道该怎么去悦纳自己，我对自己的要求很高，'赞美'对我来说太陌生，我只会用我熟悉的方式对你并且发现你的'不好'。因为我自小就是这样被'对待'的。"

3. 有的人认为他人优越于自己，所以没有"权力"表扬他人

表扬本身就是一种评判，所以心理咨询师不会轻易地批评来访者，也不会轻易地给予表扬。因为一旦你这样做了，其实就把自己放在了高于对方的位置上，好像你有了评价对方的"权力"，这样在咨询关系就失去了中立，从而会向歧途发展。生活中亦是如此，曾经有个做了很久老板的"大咖"朋友向我抱怨，他说其实很多时候的老板也需要表扬，但当了老板就会"高处不胜寒"，就越来越难以听到同事的表扬了！其实不难理解，单从"表扬"本身附着的"自上而下"的意味来讲，单位的员工不会认为自己有表扬老板的可能，如果进行表扬了，也有溜须拍马的嫌疑。因此，大家就会有这样一种共识："老板应该表扬我！"而不会认为："我应该表扬老板"！

父母和孩子的关系、职场中的上下级关系、学校里的师生关系等，基本就是我们与父母曾经的关系的写照。如果仍然在“小孩子”的心态里，我们就无法真诚无私地进行表达赞扬；如果对获得表扬充满了急切的渴望，并认为那是自我价值所在，说明我们自己还是一个想要被父母“看到”的“小孩子”，而不是一个可以客观地自我评价、自我肯定的成年人。

对于那位想要得到表扬的贵为老板的朋友，我是不会表扬他的，但是我会说：“是啊，作为老板，你付出的努力、承受的压力都远高于任何一个员工，却经常被误以为高高在上很惬意，所以你也想得到大家的理解、想要大家看到你的辛苦、希望得到大家的反馈和鼓励，是这样吗……”

无论是成年人还是“大孩子”，即使放低姿态想得到你的表扬，你也不要自以为是地表扬他。但是，你完全可以选择更有价值的方式与他共情、鼓励他……当然，我们下面要讲的镜映的方式，是我们能送给他的最好的东西。

三、怎样表扬最有效

有效地表扬或者赞美孩子，能给孩子以他所需要的价值感、信任感和自信心，能激发他正确的外在动机、产生好的行为，以后当他碰到类似事情时，便知道该怎么去做，并逐步形成良好的行为习惯和心理定式。经常奚落或责备孩子的父母是很难赢得孩子的信任的。父母对孩子的言行作出正确的评价，并经常予以表扬，家庭关系中会产生一种新的气氛，有助于父母与孩子之间建立起积极的关系，使彼此之间更接近，并产生信任感，孩子的积极性也会提高。因此在某种程度上，赞美说明了孩子生活中重要人物对他的尊重与爱护。由此可见，有效的表扬至关重要！

1. 有一种表扬方式叫镜映

一个婴儿，终于可以“爬”了，他今天好开心啊！他渴望得到妈妈的关注，转头望向妈妈，结果妈妈好像并没有看到，他多么失望啊！他甚至会怀疑自己的存在……我们可以找到“僵脸妈妈”的实验视频看一看，就会更了解这样的“场景”。反之，如果妈妈看到了婴儿的行动，脸上洋溢着欣喜，兴奋地说：“宝宝长大了，宝宝会爬了……”婴儿就会感到自己是好的、可爱的、有能力的。

所谓镜映，是一种所有人的需要，是每个人在婴儿时期发展的需要，是一种渴望被记得、被看到、被注意、被欣赏的需要。广泛来讲，就是妈妈对于孩子心理体验到的所有东西给予的反应，或者说给予的确认和印证。

镜映（reflection）是一种表达同理心的方式，它包括描述你所看到的感觉。因为小孩子不知道自己的感觉是什么，需要父母去给他充当一面镜子，给他的感觉命名并告诉他：你非常关注他的感受，非常感兴趣和在乎他，他的感觉很重要。父母通过情感镜映来帮助孩子感知自己和他人的内在感受，从而帮助孩子逐渐完成心智化的过程。对于孩子的成长与成功，我们能做的最好的事就是做他的一面镜子。用镜映的方式，去真实客观地描述他做了什么，与他的情感“同调”，亦可以表达我们的感受和感谢，避免使用评判的词，更不要“贴标签”。

我们再次回到前面的“小场景”，儿子的数学期中考试得了98分，儿子兴高采烈地跑向爸爸：“爸爸，我这次数学考了98分呢，是不是很厉害？”爸爸送出了合适的“表扬”：“听起来，你对这次的成绩很满意啊！爸爸也替你高兴呢！98分比上次进步了10分啊！你能不能跟爸爸说一说，你是怎么做到的？”爸爸首先共情了孩子，把评价与归因的权力留给了孩子自己，孩子也将因此学会了自我评价和自我肯定的途径。

2. 语言是具体而真实的

很多孩子都是在一个“你好棒”的环境中成长起来的，长大之后，他们并没有因为曾经千万句的“你很棒”就真的变得很棒了，为什么呢？因为“你很棒”这样的表扬词太单调、太匮乏，好像我们就是为了表扬而表扬，而并不是由衷地欣赏。

如果你发现女儿把自己的房间整理好了，也许你会说：“哇，我闺女真勤快！”殊不知，你这样就给孩子贴上了一个“勤快”的“标签”。我曾听一个朋友说自己从小就被妈妈常常夸“勤快”，虽然自己很想和姐姐弟弟一起出去玩，但因为这个“勤快”的“标签”，他每次都是独自留在家里干活儿，从小到大似乎都和聪明、会玩儿、会享受生活这些他也很喜欢的特质无缘……所以请不要轻易用一个形容词来评判孩子，即使那是公认的美德，也请把总结的权力和机会留给孩子自己。你可以具体地描述你看到的一切：“哇，你的房间怎么大变样了？床上的脏衣服不见了，书桌也整理好了，妈妈昨天还担心你趴在桌上睡着被书堆砸着了呢！你居然连衣柜也整理过了，还分了类，这样就不会乱翻乱找了，对不对……”你能看到又说出来他做的每一个小细节，会让孩子真正地感动，而如果直接简单地冠以“很勤快、爱干净、会收拾”这样的标签，孩子可能转眼会“丢掉”，也可能会给他造成预想不到的影响。

作为父母，我们希望孩子能够积极、阳光、善良、正直、聪明。我们对孩子倾注了太多的期许，多得让他们觉得有点不安：似乎无论多么努力，都达不到所期许的高度。因为，我们总是站在他们的对面，以成年人的姿态俯视和“表扬”他们。爱，从来不是俯视，更不是有条件地交换，而是无条件地平视和相信。爱的表达，是去掉浮夸的感叹句，不说“你太棒了”，不说“你好厉害”，而是用直白的描述性词语来叙述孩子的“亮点”，或者需要改进的地方，把“你”换成“我”，把“看着你”换成“我觉得”，让孩子知道你的感受，实实在在才是真。

3. 我们要表扬孩子的努力而不是天赋或性格

我国的文化中有一种非常经典的“表扬”方式：“这个孩子特别聪明，就是不用功！”这种方式害了多少人，上知乎搜索就能发现！这种语言会给你造成一种错觉，就是——“我很聪明，只要我愿意，我就可以获得我想要的”“我很聪明，所以我不需要勤奋，笨人才要勤奋呢……”然而事实真的是这样吗？

斯坦福大学的 Carol Dweck 教授曾做过一次“称赞方式与思维模式发展”的实验，最后发现：带有固定型思维模式（Fixed

Mindset）的孩子，认为努力和困难让他们感到自己很蠢；而成长型思维模式（Growth Mindset）的孩子则认为努力和困难能创造新的神经元联结，能让大脑越来越聪明。我们常见的赞扬用语可能成为了口头禅，比如“你很聪明”“你真棒”“很好，继续努力”等，但其实真正的表扬不是体现在这些泛泛夸奖上。赞扬孩子的天赋或性格，而不是赞扬他的努力、策略和选择，就是在缓慢扼杀他的成长型思维。因为成长思维与固定思维的最大区别在于，人在一种固定的思维模式中认为其智力和能力是定量的，不是变化的。拥有成长思维模式的人相信通过努力可以提高自己的能力，我们最大的任务就是让孩子成为一个具备成长思维模式的人。

四、总结

在本章中介绍了如何对孩子进行有效的表扬，希望大家可以适度使用这种方式。表扬太多，我们会过度侵占孩子的自我空间；表扬缺失，孩子会感觉被忽视、被否定，以致难以形成稳定的健康自尊。表扬毕竟是一种评判，而被评判总会引起我们的焦虑，这会让我们陷入为了满足他人的期待而活、为了在他人的评价体系中获得高分而委屈自己，或者长期经受着被否定之苦而逐渐学会了自我否定。表扬与批评，是被评价这一坐标轴上的两极，适度最好，物极必反。鼓励是一个更中性、更共情的方式，所以我非常中肯地建议大家慎用表扬与批评，更多、更有效地使用鼓励。

鼓励：你是孩子一生的充电器

美国心理学家罗森塔尔在 1968 年做过一个著名的实验。在一所小学里，他选取了三个班的儿童进行测验，然后将其中有潜力的儿童的名单交给了老师。其实这份名单是随机抽取的，它旨在调动老师对名单上的学生的某种期待的心理。8 个月后，罗森塔尔对实验进行追踪调查，发现名单上的学生成绩普遍提高、表现更好，人们把这种现象称为罗森塔尔效应。这其实是一种赏识教育，老师对学生抱有较高的期望，学生从老师那里感受到真正的鼓励，就会以积极的态度予以反馈和努力，相反，那些受到老师忽视甚至歧视的学生，往往会以消极的态度对待老师的要求和自己的学习。

歌曲《You raise me up》中唱道："当我精神疲惫，烦恼困顿，你来到我身旁，你鼓舞了我，故我能站在群山之巅，你鼓舞了我，故我能穿越风暴之海，在你强壮的臂膀上，我变得坚韧，你的鼓励使我得以超越自己！没有生命不怀着渴望，每颗心都不完美，是你的到来，让我心中充满了奇迹，让我瞬间窥见了永恒。"听到此歌的旋律渐渐响起，有的人会热泪盈眶，有的人则唏嘘不已……这也是鼓励带给我们的“奇迹”与力量。

一、鼓励和表扬的区别

表扬和鼓励出现的时机和情景不同

我们可以回想一下，自己会在什么时候表扬孩子？而鼓励的话语又会出现在什么时候？其实从这两章的主题名称就能看出：“勋章”是在一切都结束的时候被授予的，而“充电器”是在电量过低的时候就需要及时给予的。

通常情况下，表扬往往出现在“锦上添花”的情境中，比如孩子考了 100 分、做了一件助人为乐的好事，我们会去表扬他；当孩子遇到挫折、困境和打击的时候，此时显然与表扬无关，而是需要我们“雪中送炭”的鼓励。

有这样一个故事，一位年轻的、才华横溢的设计师鲍勃·罗杰斯，他不到 20 岁时就因为设计了华盛顿大学礼堂而声名鹊起，随后他又参与了华盛顿州立博物馆的设计竞标，一路过关斩将，最终只剩下唯一的一个对手，这个对手握有当时三位大牌设计师联手打造的方案。年轻的鲍勃·罗杰斯对自己的方案充满信心，因为他的方案确实新颖且充满了朝气。然而，鲍勃·罗杰斯的方案最终落选了，这个年轻气盛、一直以天才自居的年轻人深受打击，参加完揭标活动，他失魂落魄地走在街头，甚至想到了“自杀”。这时，他接到了母亲的电话，约他在一家咖啡厅见面。年轻人正想找妈妈倒倒自己一肚子的“苦水”……他来到咖啡厅，却看到妈妈穿着华丽的礼服站在门口等他，还有美丽的女孩过来给他献上了一大束鲜花，随后出现的是一众亲朋好友……鲍勃惊呆了，不知是该哭还是该笑，妈妈对他说："孩子，今天我们为你举办一次失败庆典，你经历了人生第一次失败，应该祝贺你，学会面对失败才能奋起直追，这是人生的必修课！"在这场庆典中，鲍勃是绝对的主角！他感谢妈妈用这样的方式告诉他，失败不是灾难，不是尊严扫地，而是人生中珍贵的一笔财富。随后，鲍勃·罗杰斯成为 2010 年上海世博会美国馆的总设计师，他连续参与了六届世博会的美国馆的设计，他用伟大的创意向世人展示了美国精神，更彰显了自己的风采。

妈妈的鼓励出现于鲍勃·罗杰斯"败走麦城"之时，妈妈并没有为儿子感到遗憾，也没有按照常理出牌去温柔地安抚孩子，而是非常智慧地用一个特别的仪式化的方式，给予了儿子极大的鼓舞。孩子最需要被鼓励的时候，往往是他最不可爱的时候。如果说自信是一个人做事成功的基础，而鼓励则是孩子获得强大自信的有效途径。

2. 表扬依赖他人评价，鼓励形成自我评价

表扬其实是在表达表扬者的感受和想法，以及对被表扬者的评价，比如"我觉得你不错""你是个好孩子""你这样做我很开心"等，指向的都是我对你的行为或对你个人的看法。就像我们前面曾提到的那样，表扬是在于让对方从你的眼睛中看到"自己"或者看到"自己"在别人眼中的样子、了解他人对"自己"行为和主体的评价。正是因为表扬的这种特性，所以孩子容易形成"寻求认可上

瘾症”，他可能会为了得到表扬和别人的认可而去做出决定或改变。在遇到事情的时候，他产生的第一个念头可能是：“别人会怎么评价我？”不经意间，他已经把自我价值建立在别人的认可上了。表扬虽然会产生这些“弊端”，但表扬在一些特定的时刻还是非常有必要的，表扬有着明显和即时的效果，或者指向一种非常明确、清晰的态度与价值观。因此，在学校、企业、社会等有既定规则与价值标准的环境中，我们需要表扬、批评、惩罚等形式起到导向性和控制性的引导，而对于家庭这种需要无条件的爱的“禁飞区”，我们则应该更多地使用鼓励而不是表扬。我们把更多的空间留给孩子去掌控、去自省，从而使得孩子形成稳定的自尊并且敢于做“自己”。当你想要表扬孩子的时候，“镜映”就是我们首推的方式。

鼓励帮助孩子形成自我评价，是鼓励本身的特性所致，因为鼓励关注的是被鼓励者自身的感受、独特的个人经验和解释风格。比如说孩子的家庭作业中出现了难题，明明是你昨天给他讲过的题目，他还是做不出来并且心浮气躁地想发脾气，你对于此刻“无助”的孩子是应该批评还是应该鼓励呢？也许妈妈这时可以温和地说：“这道题还是没有做出来吗？哦，不过你已经尝试了三种方法了，看得出来，你已经很努力地思考了，这个类型的题，妈妈曾经给你讲过的，静下心来，你再想一想，换个角度试试，慢慢来，你可以做出来的！”在这段话里，妈妈相信孩子有自己的思考能力，理解孩子只是在挫折情绪中无法集中精力去思考，所以妈妈此时最有效的方法是鼓励，而不是批评。孩子在妈妈的包容和鼓励下一定会发挥出他最好的水平来。果然，几分钟之后，孩子开心地跑过来说：“妈妈，我做出来了！”这个时候，妈妈就要把鼓励进行到底，不要夸孩子“真棒、真聪明”，而是笑眯眯地问孩子：“哦，果然靠自己的力量做出来了，这种感觉怎么样啊？”孩子得意地说：“我觉得自己很厉害啊！”妈妈继续问：“哦，怎么个厉害法啊？”孩子想了想说：“嗯，就是特别有钻研精神，特别不怕困难！”妈妈听了，给孩子竖起了大拇指！孩子的“自我评价”，比我们随口、随机给他贴上的“标签”还要珍贵百倍。

表扬是他人的评价，是别人给的，能不能得到是不可控的；而鼓励能够激发勇气、促进成长、引导自我评价，可以培养自尊和自信，是我们可以内化的一种能力。每个人都希望被鼓励，在心理学意义上源自于个体渴望被尊重、被认可的精神需求。一旦这种精神需求被满足，人就会充满自信和动力，从而形成积极的“自我评价”。世界上最容易做的也是最糟糕的事情之一，就是动不动给别人提意见、挑别人的毛病。即便是小小的孩子，也不愿意被强迫和批评。不妨想想，我们和孩子在一起的岁月里，给予了孩子多少鼓励和肯定？又给予了多少批评和指责？讽刺、批判、挑剔、粗暴地对待孩子，是我们作为家长最忌讳的教育方式。

二、有效的鼓励方式

人是一种喜欢被别人爱、被别人理解的动物。心灵如玻璃般透明的孩子，更需要我们的鼓励与赏识。对孩子来说，我们鼓励的眼神、肯定的话语，就像是把自信的种子播撒在孩子的心田。鼓励的目的就是让孩子发挥潜能、变得更好！有效地鼓励孩子，是硬核父母的必修课。

1. 鼓励的“心法”

鼓励这门功夫的“心法”，就是我们的态度，就是我们的起心动念。鼓励的初心肯定是无条件的爱，是对孩子的尊重、信任和理解，然后用我们的语言及非语言的方式给予支持。如果鼓励里面掺有太多的我们自己的期待以及对孩子的控制，那就不会得到太好的效果。

对于即将来临的高考，孩子非常紧张、迷茫，甚至心情沮丧，我们自己却像打了鸡血一样对她说：“你一定能行考上清华，妈妈觉得你没问题，你不要这么担心，再努力一些就好了！妈妈一定会全力支持你，为你做好后勤工作，只要全力以赴，你就一定能成功！”结果，女儿听了这话更烦躁了，为什么呢？因为这话中的“调子”和女儿的情绪不在一个“频率”上，里面还包含着妈妈自身对女儿非常高的期待，所以这是一个典型的无效的鼓励。

鼓励需要真诚、共情、指出希望，但不能是一个遥不可及的目标。鼓励不是慷慨激昂地“扯大旗”、喊口号、走形式。鼓励者要先把自己的“频率”调整到和被鼓励者相接近，不要在“上面”声情并茂、滔滔不绝，先“跳下去”站在他的身边吧，再慢慢地让他相信自己可以从“坑”里“爬上来”，让他看到方向、看到路、看到希望的光芒。

回过头来再看看，上面这位妈妈正确的做法应该是什么样子呢？我们切忌在沮丧的孩子面前表现得元气满满、信心爆棚，这种反差会让孩子感觉自己更糟糕，或者因为完全不在一个“频率”上而无法成功连接。妈妈要先去和孩子共情，可以这样说："妈妈知道，这确实是你长这么大所面临的最辛苦、压力最大的一段时间了，毕竟要去为自己的人生做出选择、接受挑战。妈妈当初高考前，也是经常失眠呢！而且，我那时的压力还真的比不上你们现在所要承受的大呢！所以你心情不好，妈妈理解，你可以对妈妈多说说，也可以与同学、老师，或者你的'死党'聊聊，应该会好一些吧！也许我们并不能帮上你多大的忙，但也想尽可能地多理解、多支持你啊！"这时，女儿就会感受到理解和"共鸣"，心理状态会轻松一些，也许已经准备要更多地和妈妈沟通了……妈妈的"调子"是先抑后扬的，现在就可以慢慢地开始给予力量与希望了，比如可以适时地说："你一直想学建筑设计这样的专业，像你喜欢的才女林徽因那样，是吧？妈妈也支持你，清华的建筑设计专业非常好，但是你现在的学习成绩可能还有些差距，所以我们也可以再一起考察一下别的学校的这个专业，你自己心里怎么想呢？其实，妈妈知道你现在已经有了自己明确的目标了，想象一下以后能从事自己最喜欢的工作，你说那应该是什么样的感觉呢……是呀，所以你会觉得做自己喜欢的事，每天特别开心，每天都充满了动力……所以，你只要坚定自己的目标，人生中会有很多的选择和机会，条条大路通罗马啊……高考只是你人生中的一次选择，以后还会有很多的机会……孩子啊，你只要奔着你的目标去努力就好，即使会摔倒、会迷路，但都是一个成长的过程啊！无论你遇到什么困难，你都要记住，爸爸妈妈永远都是你坚强的后盾！"

上面妈妈的这段"语重心长"的话能不能起到鼓励应有的作用，关键点在于妈妈的内心是否允许孩子失败。你是否真正相信一个失败的人爬起来后能走得更稳？无论任何时候，你都会做孩子坚强的后盾，你是否都能一直给予孩子无条件的爱和包容？如果你的回答是肯定的，那么“话术”则无关紧要。如果你说的话非常“漂亮”，自己都不相信，孩子能会信吗？

恰当合理地鼓励孩子，前提就是要把家长的架子放下来，不要总想着“我要好好把我的人生经验告诉你”“你不听我的肯定会吃亏”“我吃的盐比你喝的水还多”……家长对孩子宜平等相待，以朋友的视角看待他的成长与进步。真正地尊重孩子，谨慎地选择自己的言行，多给孩子建议，而不是泛泛说教。鼓励一个人就像给汽车加油、给手机充电，蕴藏着无限的力量。

2. 鼓励的步骤

结合上述母女互动的“案例”，我们在此总结一下鼓励的步骤和要点。

第一步：共情、同频。理解孩子的心情，允许负面情绪，放下看不得孩子有一点儿痛苦的“护犊”之心，妈妈并不要求女儿马上走出“围城”开心起来，而是允许她在自己的情绪里适当地进行停留和缓冲。

第二步：看到积极面，引导“内省”“自我评价”和“自我激励”。妈妈知道女儿有了自己的理想，遂即引导女儿想象这个理想可以带给她什么，而不是直接去赞扬怀揣理想的种种好处。同时，妈妈引导女儿关注为了目标去努力的过程，即使面临困难也不意味着生死成败，未来有着无限的可能。妈妈提起了女儿崇拜的偶像，这也是一种激发勇气的方式。妈妈还用启发式的问题代替直接给予指导和评论，期盼的同时也给孩子更留下了充分的空间和时间。

第三步：父母是孩子最坚强的后盾。妈妈的这份“表态”，给孩子传递的是安全、感恩和信心。无论成功还是失败，无论健康还是疾病，父母付出的都是无条件的爱，这是一个孩子祛除“后顾之忧”、可以勇往直前的终极动力。

第四步：“此时无声胜有声”地鼓励，更能传递力量。对待孩子的种种表现，我们要说得及时、巧妙地去说，同时更要学会并善用非语言的方式进行鼓励。有时候，一个赞许的眼神，一个亲密的拥抱，一个会意的颔首，甚至于抚抚头、拍拍肩的“小动作”，就已经足够……这样的鼓励，像春风，像雨露，可以起到“随风潜入夜、润物细无声”的作用。

三、总结

本章讲了鼓励和表扬的区别，以及鼓励的“心法”和步骤。关于鼓励的工具就是这些，希望我们尽早、最好地把鼓励送给孩子、伴侣、朋友和身边的人，让鼓励带我们穿越风暴之海，一次次激发蛰伏的斗志，超越自我。在当今社会中，人们已不再被温饱和生计深深地困惑，人在乎最多的是内心的精神世界，被认同成为了我们精神世界的一种迫切的深层次需要。

情景剧场——表扬与鼓励的情景对话训练

前面两章内容，我们讲了如何有效地表扬和鼓励孩子。现在，我们“创设”一些日常生活的“场景”，以便一起实践一下所讲的内容。

情景一

9岁的女儿想报名参加学校的音乐剧，但是她以前从未有过表演经历，也没有参加过歌唱或表演类的课程。她有些犹豫，回家跟妈妈说起了这件事。

女儿：“妈妈，我想参加学校的音乐剧，但是有些怕，我怕选不上！”

妈妈：“在妈妈心里，你是最棒的孩子，如果他们不选择你，那说明他们眼光太差了！”（妈妈的确是在鼓励和赞美孩子，但她的鼓励用语合适吗？）

结果，一个学过多年唱歌的女孩子得到了青睐，“抢”了女儿想要的那个角色，女儿觉得自己受到了不公平的待遇，回家跟妈妈哭诉了一番。

妈妈：“好了好了，别难过！刚好，我也觉得你应该放弃这个角色，那个主管老师太没水平了，选人太不公平了，我一定会投诉他的！”（为了女儿的情绪，妈妈再次鼓励了女儿，但妈妈的鼓励显然更不合适了！）

这个自负的妈妈向自己的女儿传达了一种不切实际的鼓励和赞美，这阻碍了女儿内化恰当的“自我评价”。我们可以猜到这个女孩在将来极有可能会发展出错误的、被高估的自我价值感，这种自我价值感很有可能会让女儿在挫折面前感到崩溃，正如情景中后面发生的一样。在女儿没有达到目标时，为了安慰和鼓励女儿，妈妈并没有选择和女儿一起去分析失败的原因，而是把一切推给了学校和老师，妈妈的这种归因方式很有可能会被女儿复刻到自己将来的人生中，遇到困难就是怨天尤人、推卸责任，把自己总是“扮演”成无辜的“受害者”！

同样的“情景”下，我们来尝试一下正确的鼓励方式！

女儿：“妈妈，我想参加学校的音乐剧，但是我有些害怕自己选不上！”

妈妈：“音乐剧啊，听起来很有意思呢，你担心什么啊？”

女儿：“报名的同学特别多，他们唱歌、跳舞都很厉害呢。”

妈妈：“哦，因为你在唱歌跳舞方面都不太擅长，所以你好像觉得自己希望不大，是吗？那么，你为什么要参加音乐剧啊？”

女儿：“嗯，去年，我看了学校艺术节上的音乐剧，觉得很有意思，而且这是最受欢迎的节目！对了，剧中人还可以穿着非常漂亮的衣服在舞台上表演，我心里羡慕极了！”

妈妈：“哦，你也想体验一下在舞台上的表演，那种像小明星一样的感觉，是吗？”

女儿：“嗯，是呀是呀！这次的音乐剧是《灰姑娘》，我就想出演女主角灰姑娘呢！”

妈妈：“哦，怪不得这几天你老是让爸爸在电脑里给你放《灰姑娘》……你这么想去参加这个活动，又用心准备了，那么究竟要不要去试一试呢？”

女儿：“可是，万一选不上我，多丢脸啊！”

妈妈：“哦，你是担心‘面子’啊！如果你去参加选拔比赛，最坏的结果是什么呢？”

女儿顿了顿：“就是……我没有被选上，几个班里的同学选上了……我会有点难过，但也没什么大不了的，我们大家还是好朋友呢……”

妈妈：“如果是这样，会有同学笑话你吗？你会担心班主任说什么吗？”

女儿：“笑话我的肯定还是那几个讨厌的男生，不过，我才不在乎呢！他们要笑话我，我就回击！班主任应该不会说我什么，他一直对我挺好的！”

妈妈：“哦，那你还有什么担心的吗？”

女儿：“嗯，就是担心选不上，不过选不上好像也没有什么可怕的了……明天，我去试试再说吧！”

妈妈：“好的，虽然没有必胜的把握，但是你有勇气去挑战自己没有尝试过的事情，妈妈就特别替你开心！好，我们来一个鼓励的‘抱抱’吧！”

妈妈是怎样帮助女儿鼓起勇气的呢？

首先，妈妈认真地询问女儿为什么参加演出？担心什么？真正地共情孩子，就要耐心地去了解他、倾听他，而不是主观认为他太内向、不自信、有畏难情绪等。

其次，孩子说出了自己的担心后，妈妈并没有告诉她：这个不重要、你不要那么想、你一定要自信、你是最棒的……这些话是成人惯用的“套路”，而且往往不好使。这个“聪慧”的妈妈给我们示范了一个新的技巧——最坏会怎样！当最坏的事情未发生时，我们可以有各种想象，甚至无限地吓唬自己，而一旦它发生了，就会出现“原来也不过如此”的感觉。妈妈试着让女儿去想象可能有的最坏结果，然后孩子会自然发现也不会怎样、没什么了不起。这个做法也会让孩子感觉到妈妈对自己情绪的接纳：“我是可以有担心的，我是可以有胆怯的！”如果妈妈说：“这有什么好担心的……”孩子会有被否定的感觉，于是，他往往更加退缩而寻求安全感。即使孩子会不断地想出“坏”的可能，也不要制止和反驳他，让他把所有想象的恐惧都说出来，你只要保持好奇、保持共情和接纳的态度去听，去启发他说出来即可，我们会发现：“有些事情，说出来就不会害怕了！”这其中还有一个深层的原因，就是孩子心里最害怕的是父母的失望，是因为自己不够优秀而导致父母不爱他了！你耐心地听他说了一大堆“可怕”的结果，依旧没有被“吓坏”，依然理解他，他还有什么可怕的呢？你不需要说出“我们永远支持你”之类的话，他完全可以从你的态度里细细地体验到你的爱与支持。

第三，妈妈为了女儿的勇气感到骄傲。妈妈没有说“你这样让妈妈很开心”，而是说“妈妈很替你开心”，这两个说法是有微妙的不同的。前者，下次女儿遇到类似的情况，也许会因为想“让妈妈开心”而表现得勇敢。后者，女儿会想“我做了勇敢的事，我应该为自己开心和骄傲，而妈妈跟我的心情是一样的。”

最后一步是妈妈赠予“抱抱”。妈妈最后也没有说“你真棒，真勇敢！”这个“抱抱”让一切尽在不言中，女儿会把它理解为自己最需要的东西……

最后，女儿去参加选拔了，没有被选上，还是会难过的，这个时候就需要妈妈继续共情和鼓励。我们要做孩子的“充电器”，让他健康成长，直至变成自己的“发电机”。妈妈可以这样说：“你现在非常失望，是不是？那就先哭一会儿……妈妈就在这儿陪着你啊……好，你现在觉得好些了，是吗？你愿意和妈妈聊聊你去参加选拔的过程吗？在这个过程中，你一定有很多感受和体验，我想听你说一说，可以吗？”然后，妈妈认真地倾听女儿的感受，用启发式的提问与她“互动”，允许她充分地表达情绪并接纳她的情绪，让她清晰地感受到结果不是最重要的，让她去发现自己在这个过程中的体验，并通过体验进行“感悟”。

情景二

辉辉在区里的中学生作文竞赛中获得了一等奖，辉辉的妈妈非常开心，逢人就夸耀自己的儿子聪明又争气。他还经常对辉辉说：“这次在区里面得了一等奖，下次在市里的比赛中，你再拿个一等奖给妈妈吧！我要让我那些同事们都看看我的儿子多么超级厉害！”

上面的“情景”中，辉辉妈妈毫不吝啬地向很多人表扬了辉辉，但这种表扬是辉辉的“勋章”，还是辉辉的“紧箍咒”呢？辉辉妈妈为什么这样做呢？无非有两个目的：一是满足自己的虚荣心，二是用一次好成绩为孩子确立一个“高标准”，要求孩子每次都必须达到，否则就是“丢脸”。这种表扬实际上已经成为孩子的“紧箍咒”，给孩子造成了极大的心理压力。

为了让孩子获得持久的动力，辉辉的妈妈应该改变上面的“说法”，如果运用鼓励和“镜映”的方式，她应该怎么做呢？

妈妈：“辉辉，作文得了第一名啊，妈妈采访你一下啊，请问第一名的同学现在有什么感觉和体会啊？有什么成功经验要跟我们分享吗？”（妈妈在鼓励辉辉的“自我评价”，引导他对于自己的成功进行归因和解释，并且用一个记者采访获奖者的姿态，虽然没有表扬，却给予了辉辉足够的荣誉感，潜台词是：“妈妈很崇拜你呢！”妈妈显得“浮夸”的态度，会让辉辉自信充实、心领神会。）

妈妈亦可用“镜映”的方式表达自己“看到”了儿子的努力和成绩：“哇！辉辉，这次你的作文得了一等奖，妈妈真是替你开心呀！你从小就喜欢买书、看书，看来平时的积累的确非常重要啊！这次的参赛作文《老人摔倒要不要扶》，你分析得很全面，还举了很多例子，看得出你很用心观察生活并且注意收集素材呢！其实，妈妈特别感动的是你极力支持帮助他人的观点，并且还告诉大家如何保护自己、让善良不受伤害！这个观点真是很有意义啊，妈妈都感觉也从中学到了很多呢！以后遇到这样的事情，我就按照你说的去做吧！”

批评：良药未必苦口

接下来的两部分，我想跟大家探讨我个人认为很有趣的话题——批评与惩罚。虽然这两种方式多被如今的教育理念所诟病，但却又是我们最熟悉不过的了。

生活中有一句名言："棍棒底下出孝子。"这句俗话来自韩非子的"孝子不生慈父之家，忠臣不生圣君之下"，经过历史不断地演变和传承，就形成了现在的俗语，简单会意为教育孩子离不开"打"。

也许我们对于儿时父母的"打骂"心有"腹诽"，但是我们做了父母之后，好像突然理解了父母"用心良苦"，甚至把批评和"打骂"也作为我们对孩子感到无能为力时的"武器"。这件"武器"简单、高效，可以看到即时的效果，也可以缓解我们的焦虑。对现代父母来说，"打孩子"也许是最不被认同的教育方法，但也是没有办法的办法。从没打过孩子的父母恐怕很少，父母往往在忍无可忍的情形下动了手，事后又十分后悔和自责。

如果不断地以"打骂"和批评来教育孩子，孩子不是"逆反"

就是“越来越皮”，急功近利又“气急败坏”的我们可能会因此“升级”当前的管教，进而引发我们和孩子之间旷日持久的“暗战”，以致造成家庭关系和亲子关系之“异变”，所以批评和惩罚似乎永远是不好的教育方法。我觉得这不是教育方法的问题，归根结底还是人即“施教者”的问题。任何教育方式，都没有绝对的好坏之分，只是适宜与否的问题。孩子做错了事，你可以用正面、肯定的语言进行鼓励，从而“以利再战”，你也可以用不带敌意、避免伤害的方式去批评他，找出“纠偏”的办法。我们不能一味地杜绝批评，同时也坚决反对妄自批评。

一、有敌意的批评是无效的批评

孩子犯错了，父母需要通过批评或惩罚的方式给予指导，这是必要的，也是无法完全避免的。但是，我们的批评有时候会夹杂着形形色色的情绪和潜意识的愿望，这样的批评不仅起不到教育的作用，还可能会给孩子带来诸多的伤害。

小情景：家长之“批评”面面观

情景A：“你怎么又把鞋子乱放啊，说了多少遍了，跟你爸一样，一点儿记性都不长。”

情景B：“你给我说说，今天为什么和同桌打架？不管是不是你先动手的，你就不能消停一天吗？不给我惹事，行吗？一个礼拜让老师把我叫去三趟，你不要脸我还要脸呢！”

情景 C：“你是不是拿了小明的漫画书？没跟人说，你就拿回来了，这叫借吗？你这叫偷，把手伸出来，我得让你好好地长长记性。”

情景 D：“你太让我失望了，你这成绩还想考个好大学吗？咱们家以后还能指望得上你吗？你看人家小明多有出息啊，瞧瞧你，唉，整天光知道玩游戏，就是一个废人！”

情景 E：“还顶嘴是吧？！大人批评你，都是为你好，不许顶嘴，知道吗？这是咱家的规矩……”

类似上面的批评，我们不会陌生吧？这些批评不是单纯地就事论事，都掺杂了自己很多的情绪，比如情景 A 中，“跟你爸一样”这种批评里就包含了对另一个人的情绪，这种迁怒对这件事的“当事人”是不公平的！情景 B 中，被老师批评了的家长一定很“窝火”、很没“面子”，只能回家对着孩子发飙，这“阵势”是因为孩子的错误，还是因为“我真是很丢脸”的感觉呢？情景 C 中，担心自己的孩子发展成为“小偷”，所以欲“严惩不贷”，这反映了家长过强的道德性焦虑！这样的“打骂”教育对孩子来说有百害而无一利，可能对孩子造成负面的强化，更可能会严重伤害孩子的自尊。情景 D 中的家长对孩子表达了很多的失望，过多的失望一定来自于过多的期望，家长把不能实现的“自我”寄托到了孩子身上，对孩子的失望其实源于成人对自己的不满。我们把美好的部分都放到了那些和自己无关的人身上，而当我们想通过这样的抱怨和指责唤醒当事人“奋发图强”时，往往适得其反。情景 E 中，明显是家庭里的“权力之争”，“我是老子我最大”，家庭之中、长者为大，你反抗我的“权威”就是你最大的“错”。

那么，我们的批评中为什么常常会饱含“攻击性”呢？其实，批评中带有“敌意”和“攻击性”，并不是什么可怕或不可思议的事儿。亲子关系是爱恨交织的情感，我们总是因为爱得太深，所以超越了彼此的边界，就变成了“爱之深、责之切”。在我们对孩子的那份“恨铁不成钢”的情愫中，还掺杂着其他的“佐料”吗？首先，就是我们对自己负面情感的不承认与不接受。我们对孩子都有积极的、爱的情感，同样也会有消极的、破坏性的情感。有时候，虽然我们是潜意识主导下的“无心伤害”，但是其后果依然是对孩子心灵的挫伤。即使是再无私的父母，也存在着自己的私心和局限性。每个孩子都是天上坠落凡间的天使，我们不仅要教育好、培养好他们，更要避免影响到、伤害到他们。我们前面讲到的母女关系中，动画片《勇敢传说》里的妈妈是优雅的王后，一心想把女儿培养成淑女，女儿却想按照自己的意愿生活，这对母女之间冲突不断。后来，妈妈“阴差阳错”变成了一只“熊”，母女在共同历险的过程中达成了“和解”。这个隐喻很好，“完美”的王后妈妈无法理解女儿的意愿，而当她彻底正视自己是个“熊妈妈”的时候，一切便好办了……其次，饱含“攻击性”的批评中隐藏着我们没有被满足的需要。这种需要的缺失，大多源自我们自己的父辈。比如，严厉、苛责的父母多会造就完美主义者，完美主义者一个重要的特质就是喜欢对自己和他人进行指责和挑剔，而这种苛刻的行为其实是内化了父辈的要求和准则。完美主义者因为没有在父母身上学接纳和尊重，所以也常常无法包容地对待他人。

最后，教育孩子，是一项“事业”，是一项义务，也是一项“功课”或“修行”。这其中需要我们不断学习、不断体悟甚至于“呕心沥血”才能做出些许改变，而稍不留神就可能被打回“原形”。所以教育孩子更重要的不是方法，而是认识到自己、看到自己心里住着的那头“熊”……

二、如何有效地批评孩子

所谓有效地批评孩子，恰如“去伪存真”，让批评成为一剂黏合着共情与尊重的“良药”。

1. 批评要简单明了、态度坚决

批评应该采用直接、简明且孩子能够听得懂的话，我们用它给孩子规范出行为的边界。我们不要旁征博引地说些晦涩的“大道理”，更不要“高挂一脸秋霜”地摆出家长的“权威”，而是要坚守住规则的底线，且不会因为自己的心情好坏而使得批评“变质”。我们也不要充斥着唠叨和抱怨，那样只是大人发泄“私有”的情绪罢了，如果你习惯于如此，孩子往往很快会把所有批评的信息和你的情绪一起“屏蔽”掉。

下面的些许“批评”，就符合“简单明了、态度坚决”的要求！

“巍巍，停下来，过马路时不许乱跑，这非常危险！”

“小颖，还没有告诉我真实的情况呢，你这样做是不对的。”

“牛牛，你又不想去训练了？对你这样的态度，我很生气。既然选择了参加比赛，你就应该认真地对待。”

“不要再对妹妹大吼大叫，你这样会吓着她的！”

“这样可不太好，你已经超过约定的时间五分钟了，现在去把电视关了吧，你不要求我了，没有别的办法，我们要严格遵守约定！是你自己关，还是我来关……”

2. 给予指导而不是贬低和辱骂

孩子是“家中宝”，任何家长都会非常宠爱自己的孩子。家长们都有一个希望，就是让孩子将来可以出人头地。在这个希望的指引下，家长会在孩子成长的过程中，对孩子时时进行关注。孩子的表现不如预期，或者落后于他人，家长就会很不高兴，孩子自然就会受到家长的指导、数落，甚至于贬低和辱骂。

孩子今天上学又迟到了，你可以这样说：“总是迟到可不是个好习惯，你早上起不来，让我们都很困扰。看来我们得一起好好规划一下你的作息时间了，怎么能做到保证睡眠又可以按时起床呢？”反之，你如果这样说：“我今天早上叫了你半天，你都不起来！又迟到了吧！你真是个懒猪！”“贬低”和“辱骂”会大大地打击孩子的自尊心，并让孩子觉得父母的指责是对的，自己就是一个愚蠢、懒惰的人，孩子就会慢慢地放弃努力，真的变成我们所“贬低”和“辱骂”的样子。“贬低”和“辱骂”，给孩子造成的往往是心理层面的伤害。如孩子常常会否定自己，觉得自己就是个废物，这就是经常被贬低所造成的“自我认同”的崩溃。再比如，孩子感受到的自己及“看到”的自己，会和他人评价的自己不一样，这就会让孩子产生“自我冲突”。

如果孩子是第一次犯错，尽量避免批评孩子，只给出直接的建议或讨论可能解决问题的办法就可以了。比如可以这样说：“这次考试没考好，就把试卷藏起来了！你担心妈妈批评你，可是你知道我生气不是因没有考好，而是你把试卷藏起来了吗？你还告诉我把试卷落在学校了……妈妈今天不批评你，只是希望你以后无论做错了什么事，都可以勇敢诚实地面对！你告诉妈妈，咱们可以一起想办法。来，把试卷拿来，看看都错在哪里了，我们一起把不会的题搞明白吧！”

3. 法治代替人治

心情愉悦时，我们可能会忽略孩子的错误。如果我们的心情“乌云压城”，而孩子刚好在这个时候“撞枪口”，我们对待孩子可能就会格外严苛。因此，我们的批评会受主观情绪的影响，这样就容易导致孩子学会“钻空子”、无视规则，甚至失去亲子关系中的尊重与信任。为了孩子可以形成规则意识，真正为自己的行为负责，我们可以在事先跟孩子“约法三章”，或者制定一些规则等，说明什么可以、什么不可以，如果违规需要付出什么代价……我们可以把相关“制度”创意性地贴在家里醒目的地方，如果孩子哪天“触雷”，我们就可以“照本宣科”，以及时地落实相关“惩戒”手段，比如打扫房间、洗碗、擦桌子、减少零花钱……这种“契约精神”，可以代替我们出现过多的主观批评。没有批评，减少唠叨，出现的不当行为就要付出相应的“代价”或者接受“惩戒”，这会让孩子知道按规则办事的习惯和纪律，以“三省吾身”“吾养吾浩然之正气”。我们成年人更要“严以律己”，一旦你自己以身试法打破了规则，孩子多半会上行下效，从而逐渐沦为一个视纪律为“草芥”的人。

三、总结

我来说一下我的一个朋友和他女儿的“故事”。

朋友的女儿是个小学一年级的学生，父女俩约定：如果女儿每天能够按照约定的时间表作息，父亲就要奖励给女儿一个小星星，攒够了十个星星可以实现一个“小愿望”，五十个星星则可以实现一个“大愿望”。

女儿非常开心和努力地攒够十个小星星，她的“小愿望”是换一包彩虹糖。父亲觉得孩子吃糖太多了，同时因为天冷了应给孩子买一双新靴子，于是他就“诱惑”孩子在商场看了一双漂亮的小靴子，并告诉女儿攒够五十个小星星就可以得到那双小靴子。女儿要求拿十个小星星换一包糖，父亲反复劝孩子攒够五十个小星星换靴子，父女俩各执己见，孩子“急”哭了：“为什么我不能换自己想要的东西……”父亲心中也来“气”了：“你不是也喜欢靴子吗？你攒够星星换靴子是最好的选择，怎么就说不通你呢？”孩子锲而不舍：“我不要靴子了，我就是要把星星换成糖……”

这个朋友生气地对我说了上面的“情节”，我笑了：“你自己规定了十个星星可以实现‘小愿望’，却因为你不想让孩子吃糖，就‘诱导’孩子按照你的意愿来改变，何况‘小愿望’变成了‘大愿望’……你自己制定规则而又首先破坏规则，这就是严重缺乏‘契约精神’……”朋友不好意思地笑了，他表示回去马上履行“契约精神”……

良药未必苦口，即使苦口也未必就是良药。只要善加调配，批评就可以成为一味苦中带着清香的良药，能让人防微杜渐、受益终生。

惩罚：一种成长的仪式

有的家长可能会认为惩罚是带有强烈贬义色彩的词汇，有的家长自认为很少或者几乎未惩罚过自己的孩子……从心理学的角度来看，我们在教育孩子的过程中，尤其是在孩子“犯错”的时候，经常会有意无意地对孩子进行惩罚，即使当时在我们看来那种行为与惩罚好像不沾边儿。

惩罚与批评一样，是一把双刃剑。“好”的惩罚的确可以培养孩子的责任感，而“差”的惩罚则会给孩子造成心灵上的创伤。我们在本章中就来“透析”几种不恰当的惩罚方式，以及探讨如何让惩罚真正成为孩子成长过程中的一种仪式。

一、几种不恰当的惩罚方式

1. 体罚

说到体罚，便会想到“打屁股”。曾经看过一篇文章，文中把

“打屁股”称作“国粹”式的惩罚，上下两千年“打屁股”的刑罚史，父子、君臣、官民竟是全都使得。这在《易经》《尚书》《礼记》中都有记载，《礼记》中要求子女在父母“不悦”时，要主动“讨打”以解除父母愤怒，且宜提前自备“打屁股”的“刑具”，以便随时进入自我“笞挞”的角色，康有为称其为“小不如意、呵谴笞挞”。古代的朝堂上，皇帝当然也会打大臣的屁股，这样的刑罚虽不致命，但对那些文人来说却是莫大之“羞辱”。明朝的皇帝就特别“喜欢”给“下官”来上一顿廷杖，你不听老子的话，老子就当众“打屁股”，这就是中国式的“大家长”，是在“庙堂之上”。在“下里巴人”的眼里，“棍棒底下出孝子”，则成了一种极具中国特色的传统家教方式。

《白鹿原》里白嘉轩一顿打，把儿子白孝文打成了废人，也没能让这个“逆子”改过自新，心理却扭曲变态了！这顿打不是为了教育，而只是为了惩罚。白嘉轩不是仅仅作为一个父亲在教育孩子，更多的是作为族长要不折不扣地执行“惩戒”，这是传统文化中的东西。然而，在今天的家庭教育和企业管理中，我们依然可以经常看到“封建家长制”的影子。

我们虽然可以适当地惩罚“不听话”的孩子，但是我坚决反对任何语言和身体的暴力。“打屁股”等形式并不会在当今的社会中完全消失，我们也许只是在某些特定的时刻需要一种惩戒的仪式感而已，而不是需要让孩子牢记“打屁股”的“痛苦”和“羞辱”。“挨打”的孩子往往记住的不会是“我做错了什么”，而是他一时难以释怀的“难堪”和“愤愤不平”。

体罚是教育里的“下下策”，应该是“黔驴技穷”或无可奈何之举。鲁迅先生对孩子的教育主张是“完全解放”，周海婴在《鲁迅与我七十年》中回忆父亲对自己的教育称：“顺其自然，极力不多给他打击，甚或不愿拂逆他的喜爱，除非在极不能容忍、极不合理的某一程度之内。”有一天，周海婴坚决不肯去上学，鲁迅先生用报纸打他屁股……鲁迅在给母亲的信中提及此事时说：“打起来，声音虽然响，却不痛的。”鲁迅先生的温柔的“体罚”，是我们学习的榜样。

鲁迅先生其实是“假打”，重在形式而不是“真打”。当今很多家长都知道打孩子是不对的，而采用变相的体罚方式来“教育”孩子，这其实是体罚的本质并没有改变。长期使用暴力作为所谓的教育手段，孩子要么变得胆怯懦弱，要么就学会选择使用武力解决问题。从心理学角度讲，高压的体罚会导致本来性格倔强的孩子产生抵抗意识和对立情绪，进而变得性情暴躁、行为粗野，甚至形成攻击型人格，进而对别人施暴，难以建立良好的人际关系。大家应该看过诸多新闻报道，如一个父亲长期对孩子进行严苛的“家暴”，最后孩子拿着菜刀把老子砍了……当然，这是比较极端的案例。

2. 侮辱

体罚是肢体的暴力，那么侮辱就是一种语言和心灵的暴力。

大家承认打孩子是不对的，新一代的家长们在惩罚策略上却“脑洞大开”。一些爸爸妈妈不无高兴地对我说，虽然不打不骂孩子，但是已经让他深刻地“领悟”到了自己的错误。这样的父母经过一番针锋相对的“政治课”，发现“孩子从来没有哭得那么伤心”“孩子哭着求我”……这些父母自以为是、自鸣得意的做法，其实是埋下了“定时炸弹”。

我曾经听一个朋友讲过一件“过去的事情”。他上初中的时候，班上一个男生在上课时偷偷地塞给自己歆慕的一个女生一封情书，却不幸被老师发现了……老师让他站在讲台上把这封情书大声地读出来，男生不愿读……于是，老师找了一个调皮的男生来读，这个男生的表情、语调都非常夸张，引得同学们阵阵哄笑……写这封情书的男生哭着冲出了教室，不久便毅然转学了……我觉得这位老师应该感谢那个写情书的男生的“不杀之恩”，生活中因暴力侮辱而造成的悲剧真是太多了！栾川县发生的常尧“报复”二十年前的班主任的视频风波就是一面鲜明的镜子。

语言暴力非常恐怖，它不像肢体暴力那样会立刻产生伤害，但语言暴力就像是一把刀子，在人的心口狠狠拉上一道，或者像钉在孩子心灵上的钉子，这个伤口可能会让孩子一辈子都难以愈合。试想一下，当孩子被最依赖的父母斥骂和侮辱的那一刻，他的内心该会是多么绝望和孤独？如果可以的话，请不要再继续这种语言暴力了。我们往往把最好的一面留给了陌生人，而把最差的脾气和态度却留给了自己的孩子，这难道不是“作茧自缚”吗？

3. 冷落

冷落，即我们通常所听到的“冷暴力”，这是一种比较隐晦的惩罚方式。“冷暴力”不仅仅会发生在夫妻生活中，也在亲子关系中时有“表现”。

孩子惹我们生气了，我们不想就这么“便宜”了事，想给孩子点“颜色”看看，于是“晾着”让其反省……即使孩子向我们“服软”，我们依然一副“高冷”的姿态，或者故意推开和漠视孩子……这些行为看似无害，其实都是父母给予孩子的一种情感上的惩罚。这种冷落让父母看上去比孩子还要“任性”。孩子不但要自己照顾自己，还要照顾父母的情绪。久而久之，孩子就会觉得父母并不在乎自己、自己的感受也不重要……这样的孩子长大后，也无法向他人表达自己的合理需求，更无法建立长久、稳定的亲密关系。所以，面对孩子时，我们要收起我们的“任性”，不要让冷漠把我们变成冷酷的父母。

冷漠的家庭氛围中，孩子可能会用很多“问题行为”来吸引父母的注意，他潜意识地认为：你骂我、你打我，也好过你不理我，或者看不见我……

我认识一个叫做凯凯的小男孩，他因为上课顽皮而让每一个任课老师都闹心，班里常常由于凯凯“带头闹”，而致使小孩子们总是一窝蜂地乱起来，班级的课堂秩序简直是“一锅粥”。班主任老师无奈之下叫同学们疏远凯凯，并把其调到了最后一排课桌的角落的位置，凯凯并没有因此而“收敛”。一次课堂上，在大家积极举手回答问题的时候，凯凯竟然“冲”到了教室的最前面，接着做了一个夸张的“放屁”的姿势。老师生气地问：“你这是怎么回事？”小凯笑着转身往回跑：“我在角落里，还没死呢！”凯凯的冷漠、无视和“笑里藏刀”，让人震惊之余，岂能不“避而远之”？

二、惩罚背后的秘密

不恰当的惩罚里，常常包含着我们对孩子的控制欲望，惩罚也就变成了父母展现权威的手段，其潜台词是：“你不听我的，就要吃苦头……”这种对孩子的控制，恰恰体现了我们作为弱者的本质。从心理学的角度来讲，父母对于脆弱的孩子所做出的一些不恰当的惩罚手段，就是一个“施虐”的过程。我们在“施虐”的过程中体验到快感和满足，这是因为我们也曾经被我们的父母“施虐”过。被父母习惯于“施虐”的孩子，一方面向“自虐”发展，另一方面会将“施虐”进行“传承”！

“施虐”和“受虐”，本就是相辅相成的，这不是我们平时所认定的“变态”行为，而恰恰是普遍存在于人性深处的东西，有些人表现得更极端，有些人则表现得更隐晦。有多少“受虐”的经历，就会有多少“施虐”的愿望，这是一个“一一映射”和“因果循环”的关系！在每一次“施虐”的过程中，我们满足着曾经“受虐”的自己，而这种心理上的满足又会强化我们的“施虐”愿望，从而变本加厉地“施虐”予孩子。

三、惩罚——成长的仪式

鲁迅先生说：“教育是要立人。”所以，惩罚作为教育的一个手段，它不仅是要教导做人的道理，还要挖掘并激发学生身上美好的品质以及向上的潜质。在我们的教育过程中，往往忽视了这个根本目的，从而使惩罚教育变得肤浅和功利化。有的学生因为影响班级荣誉而受到老师的责罚，有的孩子因为“失误”受到了家长的“体罚”……这些行为其实都是对惩罚教育的误解。

“赏识教育”成为当前的教育主流，但很多情况下，“赏识教育”并不能总是成功地达到教育的目的。此时，得当有度的“惩罚教育”，就成了教育过程中有效的补充手段。其实，惩罚不等于“体罚”。惩罚是一种常规的教育手段，是对孩子问题行为的一种强制性纠正行为，是在孩子身心完全能够承受的前提下采取的教育措施，能够起到教育和警示的作用；“体罚”是对孩子所实施的身心上的严重伤害，有悖于伦理道德。苏联教育家马卡连柯认为，合理的惩罚制度不仅是合法的，也是必要的。在教育孩子的“风雨兼程”中，采取合理的惩罚，有助于孩子形成坚强的性格，能培养其抵抗和战胜诱惑的能力，也能使孩子清晰地衡量自己的行为，并给予他一个对错的标准。

因此，适当地惩罚也许可以变成一个成长的仪式。惩罚的作用重在仪式感，孩子知道这件事非常“严重”，知道惩罚为何，目的何在……

一个有效又充满仪式感的惩罚是要分步骤的。

我们首先要区分侮辱性“惩罚”与需要承担责任的惩罚的不同内涵，也就是说，为什么会要惩罚孩子？是单纯地让孩子承担“犯错”之责并“纠偏”，还是想要满足我们控制或“施虐”的需要呢？当然，做到这一点，就要求我们对“自我”的认识必须敏感、正确和冷静，这需要我们不断地“反躬自省”、自我修炼。

其次，就是惩罚的过程，即我们用何方式去惩罚孩子？对于日常发生的事，要用规则代替情绪化的惩罚，惩罚是因为你“犯规”了，而不是你惹我生气了。跟孩子事先的“约定”，此时显得非常重要，惩罚也就变成了一种承担责任的行为，做错了就要付出一定的代价，而不是不听话就要“吃苦头”……对于突如其来或事先未讨论过的错误，可以临时增加惩罚措施，但实施惩罚前要和孩子讲清楚其错在何处，而不是让孩子自以为就是个“坏孩子”！

一个惩罚之所以有效，最后也是最关键的步骤就是惩罚后的“会议”。如果我们正常惩罚了孩子，然后就像没事儿一样“翻篇”了，或者用好吃的、好玩的哄哄孩子“了事”，这样就无法完全起到一个有效惩罚的作用。所以，当惩罚过后，我们需要选择一个合适的时间，跟孩子“再回首”，谈谈这件事。我们可以了解一下孩子内心的想法，去共情孩子的感受，确保孩子明了惩罚的真正目的，并且让其知道我们对他的爱“亘古不变”。比如，有的孩子因受罚后的内疚感而哭得“泪雨滂沱”，我们可以在孩子接受完惩罚后，用亲人的方式来安抚他……当然，我们安抚的是孩子的情绪，而不是因为所执行的惩罚而道歉。

四、总结

科胡特（Heinz Kohut）是一位心理学家，是精神分析自体心理学流派的创始人。他认为，父母在教育孩子时，应该抱持“没有敌意的坚决、不带诱惑的深情”这一原则。父母在对孩子表达自己的想法时，特别是孩子“不听话”时，不能用一种充满敌意的方式去表达。惩罚与批评一样，可以是糟糕的教育方法，也可以成为带来顿悟的“当头棒喝”，这都在于你是否拥有科胡特所说的“不带敌意的坚决”。

佛教里有一个菩萨叫“不动明王”，名号梵音为 Acalanatha，亦谓之“不动使者”，意为不动尊或无动尊。其外表呈愤怒相，看起来有些令人害怕，然而这尊特别的菩萨恰恰是带着不可撼动的光明与慈悲之心，以愤怒可怕的外表喝醒众生、吓退魔障。在“教学相长”的过程中，我们理所当然要成为孩子的“不动明王”，让惩罚成为孩子成长的一种仪式，让孩子能够得到“不动明王”的“剃度”而不断进步！

情景剧场——批评与惩罚的情景对话训练

我们简单地重申一下批评与惩罚的原则：对事不对人，既要达到教育的目的，更要保护孩子的自尊；简单明了的方式最有力，长篇大论和“王顾左右而言他”是大忌；不要在“气头”上批评或者惩罚孩子，那时的我们往往会把学过的东西都抛在脑后了，岂不悲哉？

情景一

六岁的东东在家庭聚会上对着爷爷说了一些不礼貌的话，爷爷很生气。逢一家人欢天喜地团聚时，又因为东东在家庭中的“娇宠”，爸爸只是皱了皱眉头，对东东说：“不可以这么没礼貌啊！”东东扮了个鬼脸后，跑掉了……没过几天，“故事”重演，因为看动画片的“纷争”，东东对妈妈“出言不逊”，还推了过来“调停”的姥姥一下。爸爸回家“惊悉”此事，觉得需要及时地“出手”了！

爸爸：“东东，你过来一下，爸爸要和你谈谈。”

东东：“什么事啊，我在看书呢！”

爸爸：“嗯，我要跟你谈的事很重要，所以请你马上过来，好吗？我在书房里等你！”

东东大概预感到“风向不对”，极不情愿地放下书，慢慢地走进了书房。

爸爸：“我想跟你谈一下今天的事情，你把妈妈和姥姥都惹得伤心了！”

东东：“我没说什么啊！是她们太烦了……”

爸爸：“也许你觉得她们很烦，难道说就可以对妈妈不礼貌、动手推姥姥吗？前几天的家庭聚会上，你对爷爷也说了无礼的话，我当时已经提醒过你，对吧？”

东东：“嗯……唔……我不是故意的，我只是闹着玩的……”

爸爸：“你可以和小朋友闹着玩，但是对长辈要有礼貌，特别是对待老人更要如此，你要懂得尊敬他们！”

东东：“嗯，爸爸，我知道了，我以后改正还不行吗?!”

爸爸：“这种现象已经不是第一次了，我希望从今以后不要再发生！今天的事情要有个‘说法’，做错了事，自己就要负责，希望你可以学会尊敬长辈，做个有礼貌的孩子！今天，爸爸怎样惩罚你？你自己说说吧！”

东东有些害怕了：“爸爸，我以后保证不敢了，您不要打我啊！”

爸爸："没有说要打你啊！所以我让你自己说怎样惩罚？今天，你让妈妈和姥姥很伤心，姥姥的腰还扭了，你需要为自己犯的错做些什么吧？"

东东想了想："我想跟妈妈和姥姥道歉……然后，我可以帮妈妈和姥姥干一个礼拜的活儿，拖地、刷碗、扔垃圾……"

爸爸点了点头："好吧，那我们说定了，你的道歉加上一周的家务劳动！"

爸爸的批评简单直接，没有借机大讲特讲，只是对东东不恰当的行为进行批评，提出了要尊敬长辈的行为规范，并且让东东自己选择怎么为自己的错误付出"代价"。其实，讲道理就是讲道理，批评就是批评，把二者"混为一谈"，很可能说着说着就"离题万里"了。孩子听着你滔滔不绝地"指点江山"，也会"云里雾里"或者当作"耳旁风"，以后难免"屡教不改"。因此，我们要把制止、纠错、批评和惩罚做得干净利落些，才能达到规范孩子行为的目的。

情景二

9 岁的女儿心心在家里玩起了轮滑，却不小心把书房门口的花瓶撞碎了。心心非常害怕妈妈"收拾"她，她手忙脚乱地收拾地上的碎片时，还把手划破了……妈妈回到家，看到垃圾桶上罩了张报纸，好奇地掀开，发现桶里全是花瓶的碎片……

妈妈:“心心，垃圾桶里的碎片咋回事啊？”

心心支支吾吾地说:“嗯……我不小心把花瓶打碎了……”

妈妈:“哦，是你自己把这些碎片扫起来的啊！但是不要倒在垃圾桶里，要让妈妈把这些碎片包裹起来，因为这样随便扔进垃圾桶，将来可能会伤到别人，知道吗？”

心心:“哦，好的，妈妈，我今天就被划了一下呢……”

妈妈:“被划到了啊，我看一下，伤口处理了吗？”

心心:“没事，不流血了，你看，我贴上了创可贴！”

妈妈:“嗯，那就好！以后啊，处理这些碎片之类的东西，一定要小心，最好不要直接用手去捡……现在，你可以告诉我打破花瓶的过程吗？”

心心:“那个……我就是想试试轮滑鞋……结果不小心……”

妈妈:“哦，又在家里玩轮滑了啊，我提醒过你，这样很危险的！”

心心:“嗯……我没玩，我就是想试穿一下那双新买的轮滑鞋。”

妈妈:“好吧，无论是出于什么原因，你这次做得也不对。在家里玩轮滑是不安全的，即使你要试穿新鞋，也应该有大人在，这样可以更好地保护你……你记住了吗？以后不要这样做！”

心心:“哦，我记住了。”

妈妈:“除此之外，我要说的还有一点，做了错事就要勇敢地承认！你及时地告诉妈妈，妈妈会教你怎么处理的……碰碎了花瓶，自己悄悄地收拾，你还受了伤！这不是好的办法，对不对？”

心心：“妈妈，我怕你生气……不过，我知道错了，我以后一定注意！”

妈妈：“好！妈妈批评你，不是因为你打碎了花瓶，而是因为你忘记了妈妈曾经的提醒，而做出了危险的行为……闯了祸，还要‘粉饰太平’。我希望你以后可以知道怎样做出正确的选择！”

心心：“妈妈，我知道错了！以后，我知道自己怎样去做了！”

妈妈：“嗯，主动承认错误，妈妈是不会批评你的，并且还会告诉你怎样去处理……比如这次，你及时给我打电话或者等妈妈回家再处理，你就不会划破手了，对不对?”

是啊，打碎了花瓶，心心“欲盖弥彰”，还是让妈妈对于事情“了如指掌”。此时，聪明的妈妈没有诱导孩子自己说出真相，也没有径直提出“花瓶哪去了”“是谁打破了”等问话，而是直接问：“我看到了花瓶的碎片，那么请你说说到底是怎么回事吧……”比批评重要的事情，是给予孩子引导，引导孩子如何善后、如何避免更大的危险或损失。你的“表现”会让孩子做出判断或给予信任：“我把事情的真相及时地告诉爸爸和妈妈，才是最好的选择！”

场景三

十岁的鹏鹏非常喜欢玩游戏，总是玩不够。说好每天可以玩半小时，但是鹏鹏每天玩游戏的时间总是“延时”，且一拖再拖，以致妈妈“火星四溅”“焦头烂额”……我们不妨来还原一下当时的场景，看看能不能“帮帮”鹏鹏的妈妈。

妈妈：“鹏鹏，半小时已经到了，不能玩了哦。”

鹏鹏：“嗯嗯，知道了，马上好了，过了这关，就不玩了。”

妈妈：“那说好了，这关过了，就关了啊！”

鹏鹏：“嗯嗯，知道了。”

妈妈：“怎么回事啊，都超过十分钟了，你说话不算话，是吧！”

鹏鹏：“妈妈，没过去这关，我得重新打一遍，马上就好。”

妈妈：“不行，每天就是半小时，结果呢，你每天都耍赖！老师说不能由着孩子玩游戏，你爸爸也说你只能在周末玩一会，我还经常护着你，你爸如果知道你这么不听话，肯定非打你不可……别玩了，关机，快点把 Ipad 交给我！”

鹏鹏：“妈妈，你真啰唆，我知道了，马上就好了！”

妈妈：“你这孩子真是气死我了！我管不了你了，回头啊，我让你爸收拾你！”

由上面看来，鹏鹏妈妈是位有着“好脾气”的妈妈，她真的是无奈了！我们能帮她想出什么“对策”呢？

孩子是非常聪明的，他会很容易地根据父母不同的态度而采取相应的对策。他会向“好脾气”的妈妈讨价还价、讲条件，甚至于耍赖、发脾气，他也会向“强硬”的爸爸表现得服从一些，但是其“逆反”和“委屈”也会潜滋暗长，给未来留下一定的“隐患”。

我们在前面说过，此时最好的态度是“不带敌意的坚决”！妈妈的改变“非朝夕之功”，我们就“邀请”凯凯的爸爸来做这件事，并做一个示范。我们回到刚才的场景，爸爸正好回家看到了这一幕。

爸爸走进房间，来到鹏鹏面前，伸出了手，示意儿子把 Ipad 递过来。鹏鹏显得有些委屈：“我没有超过多少时间啊，妈妈刚刚同意我玩过这关的！”

爸爸不声不响，继续伸着手等着……鹏鹏撇了撇嘴，终于把 Ipad 放到了爸爸手里。

爸爸：“鹏鹏，我要好好地跟你谈谈了！先把玩游戏的事情放一放，我们先说说你要怎样对自己说过的话负责任。说话算话，别人才会相信你、尊重你。妈妈有时候会容忍你多玩一会儿，但不代表你可以破坏约定，更不能靠耍赖改变约定！你说呢？”

鹏鹏：“我也不是故意的，我就想着把那一关玩过去就算了……昨天因为去奶奶家吃晚饭，我一点也没玩儿啊！”

爸爸：“这是两码事！我们说的是今天的事，你觉得自己做的对还是不对？”

鹏鹏：“嗯，是不对，但是……”

爸爸：“好的，既然你认可你今天做的事情不对，我也可以理解你有你的理由、想法和情绪。今天已经很晚了，我们需要尽快解决这个问题。我们也希望可以多考虑一下你的需求，但是，你需要自己想办法能够让我们可以重新相信你，并可以遵守约定！”

鹏鹏：“好的，爸爸，我会遵守约定，以后一定不耍赖了！”

爸爸：“你需要拿出足够的诚意来证明给我们看！今天的事情，你要为自己的违约而负责！除此之外，以后如果再出现类似的现象，怎么办？不用急着回答我，你可以想好了再说！在此之前，我会替你把 Ipad 保管好！”

第二天，鹏鹏诚恳地表态：这个礼拜的后三天都不再玩游戏了……这是他对自己违约所承担的责任。从下周一开始，在爸爸妈妈的“授权”下，凯凯“要求”每天可以玩四十分钟的游戏，周末可以玩一个小时。同时，凯凯也说出了自己违约等特殊情况下的新“条款”，并且打印出来，一家三口都在上面签了字，由爸爸妈妈负责监督执行……

事情发展到这里，也并不是从此就一劳永逸了，孩子还会不断地试探父母的底线，而如果我们人为地弹性“执法”，或者因为自己是家长就有随意解释规则的权力，那么这个规则肯定很快又会被全面打破。对于一个规则的制定和执行，家长与孩子必须是诚信的，更是平等的，双方可以友好协商，但不能肆意篡改或制定“霸王条款”。我们的孩子，应该是诚信、有“契约精神”的下一代，而不是打“擦边球”的“聪明人”。

批评和惩罚，从来都不是为了让孩子变得听话和顺从，或者满足家长们自己的需求，而是为了让孩子能够在挫折中真正地成长和积累。教育孩子不可一蹴而就，需要多些耐心、多些爱心，倘若如此，我们的亲子生活就会有着翻天覆地的变化或改善。

积极心智：构建心灵的地图

一、积极暗示的力量

1968 年的一天，美国著名的心理学家罗森塔尔和他的助手来到一所小学，说来进行一项“未来发展趋势测验”。罗森塔尔向校长要了一份全校学生的名单，然后每班挑出三个学生，共有十八个学生被“垂青”。罗森塔尔以赞许的口吻对校长和相关老师说，这些学生就是最有发展前途的学生，并叮嘱他们务必要保密，以免影响实验的正确性。八个月后，“奇迹”出现了：凡是上了名单的学生，个个成绩有了较大的进步，且性格活泼开朗，自信心强，求知欲旺盛，更乐于和别人打交道。其实，罗森塔尔撒了一个“权威性谎言”，因为名单上的学生都是随便挑选出来的。

上面的实验，验证了一个理论，就是非常著名的“罗森塔尔效应”，又被称为皮格马利翁效应。这是什么原理呢？这就是暗示的作用。校长和相关老师收到实验者的暗示，不仅对名单上的学生抱有更高期望，而且有意无意地通过态度、表情、体谅和给予更多提

问、辅导、赞许等行为方式，将隐含的期望传递给这些学生，学生则给老师以积极的反馈；这种反馈又激起老师更大的教育热情，维持其原有期望，并对这些学生给予更多关照。如此循环往复，以致这些学生的智力、学业成绩以及社会行为朝着教师期望的方向靠拢，使期望成为现实。

生活在现实世界中，每个人都会接收各种各样的信息，其中既有明示也有暗示。所谓明示就是直截了当的指示、命令，给人以毫无疑问的确定信息；而暗示则加入了主体在特定环境和气氛中的个人体悟。批评、表扬等皆为明示，在我们的亲子教育中起到了很大的作用。而暗示则因为其言下之意、弦外之音，所以其“破坏性”也巨大。我们每一个家长朋友们一定要做到谨言慎行，避免随意的指责给孩子带来一生负面的暗示。

我们先看一下罗森塔尔教授的实验中有什么关键的要素：①一次非常正式的测试；②教师深信学生是被挑选出来的优秀的个体；③孩子不知道自己是被挑选出的。这些条件意味着什么呢？那就是一个真正的暗示：被暗示者毫不知情，如果这些学生知道自己是被选出的优秀者，那就只是一个表扬而已了。而实施暗示者对自己做的事深信不疑，传递暗示的途径是被暗示者周边的氛围以及所有有声和无声的方式。设想一下，在遇到困难的题目时，老师往往会把目光投向那些被选出的孩子，会在这些孩子遇到困难时给予更大的信任和鼓励，这些孩子会得到更多的机会和支持等。孩子们会觉得自己是被爱的、被欣赏的、被尊重的、被积极关注的。对于那些孩子来说，似乎并没有明确的原因，不是因为天赋，不是因为“听话”……这听起来是不是很棒的感觉，非常接近我们说的无条件的爱。那些让孩子觉得神秘的、有趣的、可以激发自己想象力的部分，都是暗示产生的神奇的力量。这与我们对孩子的期待的不同之处是什么？我们对孩子的期待是要用自己的期待把其“同化”，而“罗森塔尔效应”的实验中的期待则是“我相信你”就是那样的。

积极暗示得以成功的影响因素很多，其中有两点具有决定性的作用。首先暗示不能挑明，挑明了可能会起到反作用，或者就成了表扬和单纯的期盼。比如我们之前讲过的表扬的负面效果，会激起孩子潜意识地抵抗：“我不是那样的，我不要变成你说的那样。”再者，就是暗示者自己要相信，这种相信是从意识到潜意识都相信。心理学研究发现，当意识或者意志与潜意识相冲突的时候，往往潜意识会赢。为什么有些事我们明明很想做却始终没有去做、明明很努力地去做却总是没有效率？这就是因为我们的潜意识不想去做！你永远无法把一个自己都不相信的积极暗示传递给别人，也许对方会暂时被“蒙蔽”，就好像小品《卖拐》里被忽悠瘸了的范伟。

心理学研究表明：每个人都具有暗示性，而且儿童比成人更容易接受暗示，孩子是否成才或成功，与从小所得到的暗示，尤其是来自其最信赖、最权威人的积极暗示是分不开的。有这样一个小故事，两位心理学家公开宣称：他们发明了一种绝对正确的智能测验方式。为了证实他们的研究成果，他们两人选择了一所小学的一个班级，帮全班所有的小学生做了一次测验，并于隔日批改试卷后，公布了该校五位天才儿童的姓名。二十年之后，追踪研究的专家发现，这五名天才儿童都有极为卓越的成就。这项发现引起教育界的重视，他们请求两位心理学家公布当年测验的试卷，弄清其中的奥秘。两位已是满头白发的心理学家，在众人面前取出一只布满尘埃的箱子，打开后告诉在场所有的专家及记者："当年的试卷就在这里，我们完全没有批改，只不过是随机抽出了五份试卷，将名字公布。不是我们的测验准确，而是这五个孩子得到一个暗示：他们都是天才儿童，只要努力他们就会成功。这个故事告诉我们在教育的过程中，积极暗示的力量是巨大的。暗示是通过语言、行为和环境对孩子进行教育的一种有效手段，积极的暗示是一种含蓄、间接和强大的教育方法。

二、暗示与潜意识

潜意识的概念源自于一个故事。蜀山派掌门有个最得意的大弟子，名字叫做云隐，可以说是内定的掌门接班人。云隐来自一个显赫的武林世家，武功不错但并非不可战胜，而神奇的是他从来不会受伤！云隐尽得老天庇佑，看似前路平坦。而偏偏有个叫做云翳的蜀山弃徒总是跟云隐作对，陷害不成就绑架，杀不掉就将他囚禁，云翳还冒充云隐到处做坏事。原来，云翳和云隐本是一对双胞胎。云氏家族世代单传，但事实上每一代都是双胞胎，长子会成为家族继承者，而幼子则会被施以毒药毒咒，成为受尽苦头的影子守护者。云隐当然就是幸运的继承者，云翳就是影子守护者，所以云隐受到的所有伤害都会转到云翳身上。比如，云隐被人甩了一巴掌，云翳的脸会疼。当云翳攻击云隐的时候，自己会更受伤、更痛苦。

云隐和云翳这对双胞胎，就像是一个人的意识和潜意识，一个堂而皇之地享尽风光，一个总要在暗处备受压抑或伤害。我们每个人都有这样一对"影子兄弟"，既保护你免于一些无法承受的痛苦，又可能会反过来拖你的后腿。有的人好像并不知道自己还有潜意识，就像云隐开始并不知道有云翳这个兄弟一样。我们把一切的糟糕体验都给了潜意识，然后以为自己忘记了，而当潜意识不堪重负的时候，它就会跑出来坏我们的事儿。

潜意识常被人称为主观心理，主观心理认识环境不靠五官而是靠直觉。潜意识是产生感情的地方，是记忆的仓库。当你的五官停止活动时，就是潜意识功能最为活跃的时候，也就是说，当客观心理终止活动或处于睡眠状态时，主观心理的智慧就彰显出来。

生活中的我们或许常常扪心自问，为什么很努力地经营生活却总是不够幸福？为什么每次精心准备却总在关键时刻“掉链子”？为什么总是遇到这样的人或那样的事让自己感到不爽？为什么再怎么努力都觉得自己不够好……这些无法回答的问题的真正的答案就在你的潜意识里，因为那不是你真正想要的，或者是你不敢要的。你不能把潜意识当作“猪队友”来看待，因为它确实拥有异常强大的力量，我们需要与它和解并学习驾驭它。潜意识有着隐蔽、深刻、持久的特性，就像是冰山隐藏的部分，虽然看不见，但是却主宰着力量和方向；又像是树根，虽然看不见，却主宰着生死。

教育孩子的过程中，如果简单地说教和明示没有效果，那是因为它只是作用于显性的意识，如果我们能够意识到潜意识的存在并且善加利用，就会化腐朽为神奇。潜意识占据大脑 92% 的大小，而意识仅占剩下的 8%，所以我们最不了解的人，就是我们自己。生活中，没有一件事情是偶然的，我们知道的是“意识创造”的，我们不知道的是“潜意识创造”的！古人讲：命由心造，福自我求。人可以支配自己的命运和生活环境，其原因就在于人类拥有可以改变及撼动自己潜意识的能力。积极的潜意识，可以给予我们找寻人生意义的最强动力，更可以让孩子在潜意识催化和提醒下产生无限的可能性。

三、暗示与心智模式

心智模式与积极暗示息息相关。心智模式是认知科学里的一个概念，又叫心智模型，可以简单理解为下意识和习惯，或者价值观与信念，它是指深植于我们心中关于我们自己、别人、组织及周围世界每个层面的假设、形象和故事，并深受习惯思维、定势思维、已有知识的局限。心智模式的建立，其实就是我们学习一个新知识的过程，就是在大脑中的两个神经元之间搭桥而建立神经连接，经过不断地重复，我们便获得了新的知识、观念、技能等。我们对自己、对他人、对这个世界的看法也就是由无数的心智模式构成的：比如做人要诚实、比如 1+1=2、比如天空是蓝色的、比如孩子最需要的是“无条件的爱”等。我们总是通过不断地学习，在我们的精神结构里添砖加瓦。

心智模式和潜意识有什么关系吗？这是两个学科的不同的概念，如果你一定想做一个横向的联系的话，也许可以去想象一下这座由心智模式搭建的大楼：地上有 3 层，地下有 30 层，地上的部分是在意识中的部分，地下的部分是在潜意识中的部分。这不是固定不变的，这个建筑内部也会经常进行一些装修改造，有一些上层的部分会被送到下面去，也有一些下层的东西会被送上来。比如我们学习骑自行车，一开始要特别用心地掌握平衡，但随着日臻熟练，你就可以一边看风景、一边想心事也能骑行自如。这种熟练掌握的技能、我们习以为常的习惯和思维定势等，其实就会有很大一部分被浸入到潜意识里去了。有些想法，你自己都可能已经忘了，但它会很大程度地影响着你的生活。

举个小时候的例子。你开始学习自己穿衣服时，常常需要花费较多时间，妈妈是个急性子，一边抢过来帮你穿，一边会喋喋不休："你这孩子，怎么总是磨磨蹭蹭的啊！"在吃饭和走路的时候，你自己也有可能总是慢半拍。长大成人后，你早就不记得这些小事情了，但你可能会很怕被人催、总觉得自己是个笨拙的"慢性子"，也似乎总有一些事情证明你就是如此。如果要让一个积极暗示有效，就是说成功地给自己建立一个"我是可爱的"这样的心智模式，我们可能先要去删除掉原有的那个"我是多余的、被嫌弃的"消极的心智模式。这个消极的心智模式，很可能深藏在潜意识的某个角落……我们需要通过自我觉察找到它，然后才能用一个新的心智模式来替代它。

四、更好地使用暗示塑造积极心智

1. 视觉化训练

神经科学的研究给我们带来了一个非常简单易行的建立心智模式的方法，就是视觉化训练。这个技术最初用于运动员训练中，也许你经常在某个技术动作中犯错，那么反复练习的结果，很可能是更多次地重复并强化了那个错误。所以这时教练可能会让你停下来，然后闭上眼睛，在大脑中去想象那些正确的动作要领，你可以通过想象自己做正确动作的画面来获得一次成功的经验，而想象做这个动作和实际去做动作时的大脑内神经元激活的区域是一样的。我经常会在打篮球时做这样的练习，想象自己投篮的动作要领，在大脑中模拟出画面，然后得到一个完美三分球的概率的确会大大地提升！同理，在冥想训练中，我们会很多次地引导你完成一系列的心灵预演，想象如何与孩子沟通，把我们之前所说的要点带入到你的想象中完成一遍，这就是视觉化训练。第一次，我们会在两个或几个神经元之间“搭桥”，在头脑中走一遍这条新的路径。这个意识层面的活动，经多次重复以后，会达到与冥想类似的效果，从而让大脑的某些区域发生结构性变化，意识和物质之间也达到了交互。

一位被关押了几十年的音乐家，被放出牢狱，他在国际音乐邀请赛上的弹奏竟然表现得比几十年前还要好。当人们问他为什么时，他说：“在我的头脑中，有一个想象的逼真的钢琴，我虽然不能动，可我的思想每天都在弹。”只要你不断地想象，不断地进行视觉化训练的自我确认，你心中的景象或许很快就会变成事实。

2. 不断重复

首次发现一条新的路径之后，你可能并不会马上放弃原路，就好像你明明发现了一条不堵车的路，可第二天早上又习惯性地按照原来的路线驱车行驶。这其中，改变的动力来自于原路给你造成了多大的痛苦，而新路则带给了你一次成功的经验。改变就是不断地重复、不断地自我修正，这是要付出一定的痛苦和努力的。妈妈用了多少年才把你“催眠”成一个“磨蹭、笨拙”的人，也许你就要准备好拿出一定的时间来“催眠”自己回归到自己本该有的生物学的特质里来。成功也不仅仅是靠意志的坚强，而是靠改变潜意识。人的改变都是在改变潜意识，重复是改变潜意识的不二法门。

坚持不断地重复，重复的次数越多，你的思想行为配合你输入的指令就会越多。重复是潜意识输入的关键，只要你不断地重复，不断地输入，你一定得到你想要的。这就好像把钉子钉入木板的过程，第一下敲击把钉子钉在合适的位置，但只有经过很多次重击，钉子才能被深深地敲入木板。有一个先例解释了这种由重复产生的力量，那就是米罗（公元前 6 世纪的希腊摔跤能手）和牛犊的故事。他每天练习举牛犊，终于有一天，他能够举起一头成年的公牛。水滴石穿，绳锯木断，也是重复的力量使然。

什么时候做视觉化训练比较好呢？答案是什么时候都可以。当然，你能够养成给自己积极暗示的习惯会更好。如果你已经习惯了给自己消极的暗示，总是给自己做关于失败的视觉化训练的话，请一定学会给自己按“暂停键”！从所谓的物质角度来讲，两个物体不能在同一时间占据同一空间。你不能在你的大脑中存满积极的强大的创造性思想的情况下，却持有许多消极的暗示。大脑是只有一扇门的房间，而你是门钥匙的所有者，手中握有积极的“钥匙”，消极的“钥匙”就是一件废品。所以，只要你不接受不利于你的思想振动，你的潜意识就不会被你可能听到、看到或被经历的任何事情所影响。换句话说，你必须重复地向潜意识供应“正能量”，唯其如此，“负能量”才会陷入无机可乘的沼泽。

五、总结

我们给大家讲解了暗示的力量、暗示与潜意识、暗示与心智模式、以及视觉化训练的方法。视觉化训练的方法，我们可以在自己充分运用熟练之后分享给孩子，或带领孩子共同去体验。具体的练习方法，我们会在第六章后面的情景对话中给大家再次示范。

积极暗示：把孩子催眠成“超人”

一、孩子更容易接受暗示

1. 想象力可以帮孩子解决一切问题

和孩子一起工作是非常有趣的事情，孩子们经常会让我惊叹，原来人类的天赋和潜能是如此神奇！帮助孩子们解决问题，真的不需要去一味地讲道理，更不需要大喊大叫，因为那样会让我们成年人显得没有风度，还浪费了我们可以利用的孩子身上所具有的最大的资源，即孩子的想象力。

也许你经常会发现孩子不停地跟你说一些超乎想象的天马行空的故事，你要信以为真。父母的语言、表情和眼神都可以给予孩子很强的心理暗示，孩子其实每天都会有一段时间沉浸在这种自我催眠的状态中。有些家长看不得孩子发呆或者做“白日梦”的样子，总想把孩子的时间都安排得紧凑而充实，这真是一件可怕的事情，因为你在剥夺和扼杀孩子的想象力。孩子对你讲一些自编的、稀奇古怪的故事时，请你尽量避免不能自已地制止或指导他什么，你只需保留下来你所有的好奇心去倾听就好了。

一位母亲带着自己颇有天赋的九岁的儿子去见爱因斯坦，想请教如何才能让孩子把数学学得更好。爱因斯坦平静地说：“试着给他讲些故事。”这位母亲坚持询问有关数学的问题，爱因斯坦回答：“如果想让他聪明就给他讲故事，如果想让他有智慧就给他讲更多的故事。”在爱因斯坦看来，想象力比知识更重要。卢梭也曾经强调：“现实的世界是有限度的，想象的世界是无涯际的。”很多学者和伟人在工作和生活之余，都会留出固定的时间去“冥想”，除了得到身体的放松之外，同时也是让自己的思想能够去自由想象，并不断地审视自身，从而延展人生更多的可能性。因此，有人说想象力决定了人生的边界。

想象力，归根结底是一种能力。想象的过程，是通过感官获取了外界的信息和数据后，在自己的脑海中进行再创造。在这个再创造的过程中，想象会将所有元素打乱、排列、变形，重新形成不同的元素组合，并在此基础上对其进行扩展。比如，玉皇大帝的天庭是基于人间的宫廷制度想象而成，同时又添加了很多不可能在现实生活中出现的神奇之处。

我听一个朋友讲他小时候的事情，他小时候非常喜欢看一个叫《大鸟在中国》的卡通片，里面的那只大鸟让他念念不忘。那段时间，他妈妈会因为他总是不喜欢吃蔬菜而烦恼。后来，他妈妈想到一个办法，经常在吃饭的时候和他讲大鸟的故事，其中总会穿插大鸟喜欢吃某种蔬菜等。这位妈妈也并没有借此要求孩子学习大鸟那样吃蔬菜，而每次讲着讲着，孩子就会不自觉地主动夹蔬菜吃了。

这种暗示没有直奔主题，也没有总结中心思想。孩子是非常聪明的，你直奔主题说“因此你也要吃蔬菜”的话，孩子很快就恍然大悟：妈妈这是在忽悠我呢！

我看到过一个非常棒的利用孩子的想象力解决问题的故事。一个小女孩摔破了膝盖，大哭不止。聪明的妈妈就在她的膝盖前面做抓取的动作，一边抓一边说：“哎呀，妈妈帮你把‘疼’抓出来啊，然后揉成一团了，哎呀！这么大的‘疼球’，你一定很疼吧！来，我们继续抓出来啊，把‘疼球’扔得远远的……”当妈妈扔掉三个‘疼球’后，小女孩已经不哭了：”妈妈，不用抓了，‘疼球’已经没有了！”其实很多时候，对于孩子的“症状”，我们进行的“故事”治疗、“游戏”治疗等，看起来毫无章法或者毫无意义，一些顽固的行为问题却可以得以更好地解决。

2. 对不同年龄孩子的暗示方法

对于二到四岁的孩子，我们可以用简单的故事、各种玩偶或动植物具体的形象给予孩子有效的暗示。比如，有个三岁的小男孩非常讨厌洗澡，每次洗澡搞得母子俩都像打仗一样。一次，妈妈在超市看到一种小熊形状的瓶子的儿童浴液，他灵机一动，就带着小熊回家了。晚上洗澡前的时间，妈妈给小男孩介绍了冒险家小熊的事迹。小熊去过很多地方，有很多冒险的经历，但是它不能表达，每次说出来的话都是一堆泡沫……人们在洗澡的时候，如果能够搓出很多泡沫的话，就可以听到小熊的故事了。就这样，小男孩因为想听小熊的冒险故事，每隔一天就会主动要求洗澡，因为他知道：小熊的冒险经历都藏在那些肥皂泡泡里……

四至八岁的孩子的想象力有了进一步的发展，他们自己看故事书、动画片，并会构建出丰富的故事情节。我们完全可以邀请孩子一起编故事来解决难题。比如不愿意去幼儿园的孩子，我们可以邀请他去一间魔法商店，里面有各种神奇的道具，比如隐身披风、旋风魔毯等，他都可以尽情地试用，但是脾气古怪的店主每次只允许他带走一件最需要的宝贝。我们可以引导孩子去找到一件可以解决“不愿意去幼儿园”这个“难题”的宝贝。此时，不妨找一个玩偶扮演魔法商店的店主，用角色扮演的方式来玩这个游戏，让孩子自己想象他需要一个什么样的宝贝、这个宝贝有什么功能和特性……对这个宝贝的理解，可以帮助你了解到孩子“不愿意去幼儿园”的原委。那个宝贝，可以只是在想象中拥有，也可以找到某个小石头等实物进行代替，让孩子带着它去幼儿园，孩子会相信这是一块带有神奇魔法的石头，而魔法的效果其实就是他给自己的积极暗示。

《哈利·波特》中，有一集讲的是罗恩要去参加比赛，却完全没有信心。于是，哈利给罗恩喝了假的“幸运水”，而罗恩却着实在比赛中发挥超长，这就是积极暗示的效果。几年前，在训练营里，我们把贴着“幸运水”或“自信水”标签的矿泉水作为奖励发给了孩子们。后来，有家长反馈说，孩子带了“自信水”回家放到了冰箱里，视若珍宝，每天只喝几小口，喝了一个礼拜……家长担心水变质，于是偷偷倒掉瓶中水，又给他灌了半瓶“新水”。如果我们想借用这个方法的话，千万不要索性整上一箱“幸运水”，而是告诉孩子只有这一瓶……在这期间，孩子积聚的自信及成功的体验，就足够其受益良久了。

对于年龄更大一些或者青春期的孩子，积极暗示依旧有着很好的效果，但这需要一定程度地建立关系和放松练习之后再去进行。随着孩子的长大，他们会有更多的批判思维，或者会有更强、更自主的防御和对抗。只要我们找到合适的方法，青春期的孩子也会有很强的受暗示性，这本就是一个经常处于自我催眠状态的年纪。因为这个年纪的孩子对于父母想要施加的影响都会有所反抗，所以我们也许需要更多地借助外力的帮助。比如孩子欣赏的偶像、喜欢的哥哥姐姐等，但也需要谨慎和尊重地去尝试，孩子一旦发现榜样已经被父母所“利用”，榜样的“光辉”形象瞬间便会崩溃。这时候，或许由专业的心理老师运用催眠治疗来帮孩子解决问题才是上策之选。

二、给予孩子积极暗示的方法

说了这么多积极暗示的作用，怎样才能够创作一个适合情境和孩子需要的“治疗性故事”呢？我推荐给大家两本书，一本是《故事知道怎么办》，里面具体讲解了如何创作故事，并提供了诸多不同问题下的故事。再就是《汤普森心理童话药书》，这是一套上佳的催眠治疗故事书，故事里隐含着一定的催眠放松技巧及隐喻，这对解决儿童情绪及行为问题有很强的指导性。从小接触这类积极暗示、催眠放松训练的孩子，长大成人后一般能更好地从自我催眠、自我暗示中收获裨益。

隐喻故事法

一个有暗示效果的故事必须有三个主要部分：隐喻、情节和解决方案。首先我们要明确目标，但不能在故事中明确地表达出这个目标，我们需要给这个目标包装一下，就是利用一个隐喻，并通过情节的发展，提供一种可以接受的方式来处理某种行为或者找到某种解决方案。对于年纪较小的孩子，故事情节的创作可以更简单，创作完成只需用各种方式来重复。比如前面讲的大鸟爱吃菜的故事，只需要简单地讲出大鸟爱吃芹菜、菠菜等绿色食物，再讲大鸟偶尔看到红色的西红柿，便好奇地用尖尖的嘴把它戳破，居然发现有红色的甜汁冒出来，大鸟开心地嘎嘎叫，它也爱吃西红柿了……这个故事里的隐喻非常简单，没有讲小孩子不爱吃蔬菜或者强调不吃蔬菜的“后果”，而是把目标即“让孩子吃菜”放在了一个卡通形象身上，因为喜欢这个卡通形象，孩子也就会自然地把卡通和自己联系在一起了。

对于大点的孩子或者成年人，我们就需要把隐喻设计得更精巧一些。比如你可以给一个坏脾气的孩子讲一个“会喷火的小龙”的故事，它如何天生会喷火，这看起来很酷，但是它却不能和朋友一起玩耍，因为它一不小心就会把朋友给烤焦了。于是，它去寻找一个大魔法师，请教如何控制自己的火焰。这中间可以充分设计历险的情节，最终呈现一个较好的解决方案。我们可以邀请孩子共同把这个故事编下去，你极有可能会发现，孩子描述的解决方案充满着很多的智慧和趣味。当然，很多童话、寓言、神话及奇闻逸事里面都有非常棒的隐喻，我们可以加以利用并改编成适合孩子的“治疗性故事”。

有这样一个治疗的案例。一个十一岁的男孩，极度缺乏自信，他总是认为自己一无是处。他甚至曾经说自己就是一坨“翔”，我问他什么是“翔”？他笑着告诉我就是“便便”的意思。面对一个孩子自嘲的笑意，我的心里感到一片悲伤。我思考再三，给这个男孩子讲了一个关于“粪便”的故事。我并没有做什么催眠引导，只是用一种平和舒缓、慢慢悠悠的语气进行了讲述。

“你知道吗？我曾经几次去西藏旅行，那里的风景非常美，但高原上的氧气稀薄，植被很难生长。但是，那些低矮丛生的杂草却顽强地生长在戈壁滩上。动物之中，牦牛也许是少有的能适应那里生态的动物之一，而它们也是生活在高海拔地区的人类生活中的最主要的依靠。对藏民来说，衣食住行都离不开牦牛，它的毛可以做成衣服和帐篷来御寒；它的皮可以做成衣服、靴子和垫子；它的肉味美可食，也可以做成肉干成为旅途中的干粮；它的奶可以做成酸奶、奶茶，好喝且营养丰富。牦牛浑身都是宝，甚至它的粪便都被充分利用起来了。人们会收集牦牛的粪便，把它贴到墙上、扔到屋顶上晾干，然后当成燃料，用以做饭或取暖。烧牛粪的味道非常呛人，但大家在帐篷里依旧兴高采烈地靠近火堆边取暖。我一边喝着奶茶，一边对生活在这里的人类产生了无比的敬佩之情。牦牛是一种神奇的生物，甚至连牛粪的价值也不可小觑。我们的藏民朋友真是太聪明了，生活赋予他们的东西如此吝啬，而一堆粪便也可以摇身一变成为珍贵的能源。”

当然，作为一个隐喻故事，我讲的比上面所述更多、更具体。这个孩子缺乏自信，其内心充满了匮乏感和低价值感，所以我给他讲了这样一个看似匮乏却意味深长的故事。同时，我并没有对此作出任何的总结。故事结束了，这个男孩似乎有些奇怪地等着我说教，因为大人们往往是这么做的。我无动于衷，没有下文。孩子终于忍不住问我："然后呢？"我说："没有然后了，谢谢你这么有耐心地听我絮絮叨叨。"男孩笑笑说："还可以啊，没那么无聊，有机会，我也去西藏看看！"我和这个孩子非常自然地相视而笑，男孩的笑容似乎有了某种不同的意味，而我的心中也没有再升起那种无言的悲伤。

日常生活中，我们常常藉由说故事来表达或传递一些心情与想法。对于孩子，当我们有所担心或疑惑时，隐喻故事是一个很好的内在沟通方式。隐喻故事能让我们更加了解彼此，也能让我们可以借助隐喻传达在意识层面上无法有效传达的信息。对于家庭中亲子关系的构建，也可把隐喻运用其中，让孩子在听故事的过程中被了解、被陪伴，并牵引孩子产生新的能量和领悟，从而打开心结、找到出路。

三、总结

本章介绍了如何给予孩子积极暗示的方法，希望大家能享受本章讲的故事，以及可以创作出有积极暗示的隐喻故事。当然，我们前面讲到的视觉化训练，大一些的孩子更适宜使用。开发自己的想象力和创造力，和孩子一起讲故事、玩游戏的时候，请把积极暗示进行到底吧！教育孩子，本身就应该成为一件有趣又充满智慧的事情。

1. 情景剧场——积极暗示情景对话训练

积极暗示需要一定的氛围和信任，并不是简单的话术就可以达成的。

先说氛围的作用。有时候去寺庙里拜拜佛，某些问题好像就可以得到解决了。如果我们从积极暗示的角度来讲，寺庙自带的那种庄严肃穆的氛围，已经让你的身心都相对放松平静下来了。因此，条件具备、目标明确的时候，是最适合进行积极的自我暗示的时机。进行积极暗示之时，一定要选择放松或舒适的环境氛围。如果你刚刚批评了孩子，孩子的心情糟糕透顶，你也只是勉强打起精神想来一个积极的暗示，这是在做无用功，孩子根本听不进去，你也并不清楚自己在说什么。而当你们开心玩耍过后，躺在沙发里，即便你只是随口一句轻声的言语都可以直抵他的心田。如果你想通过自我暗示让自己在重要的时刻放松下来，比如比赛或者演讲前，就要靠之前的练习和积累。当你更熟悉、更接受那些自我暗示之后，才可能在很短的时间内，让自己更容易达到理想的目标状态。

再说信任的关系，这一点非常重要。父母所言所行对孩子极具影响力，如果你一直给予孩子的是消极暗示，现在想要直接换成相应的积极暗示并不容易。昨天你唠叨孩子笨，今天你突然夸他很聪明，孩子会很奇怪的，会觉得你说的不是真心话。如果你跟孩子的关系“势如水火”，孩子一般会和你对着干，那就更不行了。良好的亲子关系是积极暗示的基础，没有亲子关系的和谐，就没有积极暗示的“春天”。

自我暗示也有关系的因素。你内心充满了矛盾冲突，总是陷入自我否定的泥沼中，那么你就可能在自我暗示中体现出这些元素。今天晚上临睡前，你还在暗示自己在明天的会议上要尽显自信和从容，而早上起床后，你满脑子都是自己失误的视觉化演绎。倘若如此，你就需要做更多自我探索和自我和解的“功课”，以改善这种落拓的局面。

2. 积极的自我暗示情景

这名体验者是一名张姓的高中学生。

小张是一名学习成绩蛮不错的学生，像许多同龄孩子一样，他希望可以更好地展现自己，并获得认可。但是，他很“怕羞”，什么演讲、辩论赛等，小张都是能躲则躲。看到同学们在台上你来我往、唇枪舌剑，小张既羡慕又觉得心里五味杂陈，自己明明有一肚子话想说，却总是一上台就紧张得语无伦次。小张的父母的性格倾向于严肃寡言，小张自小就是一个非常安静的孩子，他的妈妈也总会跟人说：这孩子性格太内向了！

经过几番思想斗争，小张鼓足勇气报名参加了学校组织的这次英语演讲比赛，但随着比赛日期的临近，小张变得越来越焦虑了，他总是担心自己会出丑！小张应该怎么办呢？让我们一起来帮帮小张同学吧。

第一步：要帮小张消除或最大程度地减弱消极自我暗示的影响。我们可以使用一个意象，就是在他的头脑中模拟安装一台过滤装置，所有类似于“自己会出丑”的负面想法都会被这台过滤装置过滤或排除掉，而积极的想法都会留下来驻守，并且变成鲜明和清晰的图像。小张很喜欢这个过滤器的意象并对此展开了积极的想象，他可以清楚地想象出过滤器的样子，并且还画了一张设计图出来：所有的想法流进过滤器，积极的想法带着色彩和形象从一个出口溢出来；消极的想法会被过滤器中的传动部分搅成粉末，像烟尘一样从他的耳朵徐徐冒出……小张积极地练习了一个礼拜，焦虑情绪缓解了好多。同时，小张还发明了一个“防护罩”，可以自动屏蔽外界的消极暗示，比如妈妈的唠叨、同学的笑话等一系列让人紧张不安和产生失败画面的声音，而所有正面的鼓励都可以顺利地进入“防护罩”，并且被转化成积极的能量。

就这样，小张可以进入第二步练习了，即演讲比赛成功画面的视觉化训练。小张开始想象自己自信地走上讲台，穿什么样的衣服、脸上的表情是怎样的……他感觉自己异常从容，即使有一点小兴奋，也只会让自己的演讲更加有激情。他能看到评委们赞许的表情，也能听到台下的掌声，甚至感觉到自己吐出的每一个单词闪着光、汇成河流淌在整个会场里……小张心里非常喜欢模仿奥巴马的演讲，他想象自己有了奥巴马一样的气场，想象自己可以把英语当成母语一样去自然流畅地表达，并视觉化每一个发音的口型……总之，经过一系列的视觉化训练，小张对自己的感觉越来越好了，小张的进步也得到了英语老师很大的肯定和鼓励。

第三步，就是临场的状态了。小张在视觉化训练中会给自己设定，当他每次捏紧右拳再松开之后，就会快速地进入最佳的演讲状态。小张通过反复地练习，竟然可以在最短的时间内调整好自己的情绪状态了。是的，他已经准备好了！

正式的英语演讲比赛中，小张的目标并不是拿第一名或者力求完美无缺，而是去突破自己的局限，让一个自信、勇于表达的自己绽放出来。通过积极地自我暗示，小张做到了。如果你也有一个具体的目标，掌握了积极暗示的方法，并愿意调动自己的想象力去努力尝试的话，你也会看到自己身上不一样的精彩。

3. 给予孩子或他人积极暗示的情景

我们再给大家示范一个如何用积极暗示帮助孩子的案例。

八岁的小杰，容易发怒，脾气暴躁，为此在学校里经常受到老师的批评，几个家长也多次找到小杰的妈妈进行“投诉”。妈妈心里很着急，希望可以找到帮助小杰的方法。

开始的时候，妈妈询问小杰：为什么在课堂上和老师顶嘴？为什么摔坏了同桌的水杯？为什么把数学小组长给推倒了……小杰总是气鼓鼓地说是老师冤枉了自己或者同学嘲笑自己等一系列理由，妈妈反问小杰：“你自己有没有错呢？”小杰则表现出委屈之状，一言不发。

第二天，妈妈想到了一个好方法，于是决定以另一种方式和小杰“沟通”。

妈妈：“小杰，今天在学校里过得怎么样啊？”

小杰：“还能怎么样啊，王老师又冤枉我了，气死我了！”

妈妈：“哦，今天发生了让你生气的事啊，生气的感觉如何啊？”

小杰：“就是很不爽啊，脑袋像要爆炸一样！”

妈妈：“啊？！你没有爆炸啊，爆炸会是什么样子啊？”

小杰嘻嘻地笑了起来：“爆炸当然不会把自己炸飞，只是会把周围的人都崩得一脸黑糊糊……”

妈妈：“喔，这个爆炸的火药是从哪里来的啊？”

小杰：“老师丢过来一个炸弹，我一口把它吃下去了，然后我就爆炸了，但我自己没事儿，别人都遭殃了，嘻嘻……”

妈妈：“哦，发生爆炸了，你居然一点也没受伤吗？”

小杰：“是的，我有特异功能，吃了炸弹后，我自己就会变成威力更大的炸弹，厉害吧？”

妈妈：“哇，你这个特异功能真牛，它都能干什么用啊？”

小杰：“作用可大了，大家都不敢惹我呢！”

妈妈：“哦，听起来，它还可以保护你呢！但是，如果总是这样爆炸，会不会给你自己也带来不好的影响呢？”

小杰：“也会有的，每次爆炸之后，我就会头疼，而且做游戏分组，大家好像都不愿意和我在一组……”

妈妈：“看来，你虽然有这个特异功能，但似乎不能随意控制啊，就好像飞翔的超人掌握不好方向就要撞上大楼一样吧？”

小杰呵呵地笑起来：“嗯，有点像，不过，我可不像乱飞的超人那么傻！”

妈妈笑着说：“对啊，我们小杰很聪明，一定会想出办法来掌握这个爆炸的特异功能的！”

小杰想了想：“嗯，也许我可以把外面扔过来的炸弹收集到我的弹药库里，不是马上爆炸。等敌人大举进攻的时候，我再发射出去！”

妈妈：“嗯，这个主意听起来不错，不是马上爆炸，甚至可以不用爆炸，以另外的方式去防御和反击，是这样吧？”

小杰：“嗯，差不多，爆炸一次，挺消耗我的超能力的，我的头会痛半天，也不开心。”

妈妈：“是啊，看来你需要建一个仓库储藏这些弹药了，哎呀，弹药储藏多了，很可能也会不小心引爆的，不安全啊！”

小杰：“我的仓库非常结实，是防爆的。”

妈妈：“那仓库放不下了，该怎么办呢？”

小杰：“那就搞一次军事演习吧，哈哈哈，吓唬吓唬那些敌人！”

妈妈：“嗯，有意思，小杰真会想办法！那你怎么修建武器库呢？”

小杰想了想，说：“妈妈，那你去网上给我搜一搜，武器库都是什么样的？”

于是，小杰和妈妈一起找到了武器仓库的图片，妈妈帮他打印出来并放到了铅笔盒里。

第二天，小杰告诉妈妈，今天进行了“军事演习”，他向同桌瑞瑞示威了，自己做出了很凶的样子，但并没有“爆炸”。妈妈给小杰竖起了大拇指。后来，小杰和妈妈还一起用仓库里的炸药能量做了很多有趣的想象，比如可以用来发电、做成焰火、送到山上开矿、打到天上人工降雨等。总之，小杰“爆炸”的时候越来越少了，而且他也不再需要用“爆炸”来证明自己的力量，而是真正地变成了一个内心强大的孩子。这其中的巨大变化，皆得益于小杰的自我想象力以及妈妈的耐心和智慧。

我们通过分享的案例，希望大家可以通过学习、模仿、再创造，把积极暗示真正用于我们的生活中。案例故事是经过浓缩的，而真正的过程需要我们付出更多的时间，并与孩子一起展开自由想象。那些真正有治愈意义的闪光点，总会蕴藏在你与孩子共同的努力与探索之中。

第五章

硬核父母的千里眼：未来教育的大趋势

“人工智能时代正以排山倒海之势席卷而至。科技日新月异，生活便利，人类内心却忧思难安。在这个高度发达又异常迷茫的时代，人类将何去何从？未来已来，你来不来？”

随着科技的发展与普及，“人工智能”早已经不再是前沿实验室里才会被提及的名词，而逐渐延伸至人类生活的各个角落，甚至成为可以在饭桌上探讨的话题。Iphone8 刷脸、Siri 聊天、AI 技术、地图软件导航、菜谱推荐、地铁刷脸、无人驾驶、无人超市、量子通信、智能家居……人工智能已经与我们形影不离，一切都预示着人工智能时代的到来。当多数人对人工智能不以为然的时候，AlphaGo 将中国围棋第一人柯洁逼到墙角，彻底挑战了人类的尊严。有研究者预言，未来二三十年内，超过 50% 的工作将会被人工智能所取代。

在未来，运用人工智能的能力就像我们今天运用互联网的能力一样，是一种刚需，我们需要从小培养孩子这样的基础思维。我们的家长面对新时代，却依然每天都把孩子变成一台私有的智能机器，让他只能学习、只懂学习，成为课堂、补习班和特长班的奴隶。

人工智能现在能做很多的事情，包括数据分析、资料收集、按照程序生成文档、图画等，也能够做一些机械工作和大量重复性的工作。但是人工智能也有明显的缺陷：与人的深度沟通。

人工智能越来越变成我们的助手和帮手，它们能够帮我们处理那些比较单一、枯燥、单人能够完成的“硬”工作。而我们则需要处理团队协作、与他人沟通、与人深度交流、联合各个团队在一个生态系统中相处及合作等“软”工作。未来能找到的工作，百分之八九十都是需要紧密的团队合作和人际交往的。一个劲地埋头读书或者苦练“十八般武艺”，却缺少未来必需的“互动”和“耦合”能力，很可能会在未来被排斥或淘汰。

基于这样一种人类从未经历过的环境，我们需要让孩子进化出一种适应性的特性，在本章的内容中，我们试图展望和预测不确定的未来，以及我们需要让孩子储备怎样的基础，以应对前所未有的环境。

培养进化的生物人

遇到挑战、困境、挫折、痛苦、变化等，人一定要学会适应和进化，这是生存的法则，否则便会被淘汰。在人工智能的时代，我们该怎么去适应和进化呢？

人类和人工智能最大的区别，就是情感与交流。人对精神共鸣的向往、对群体的归属感、对自我的主动性和综合理解能力等，都是机器代替不了的。因为这些情感的、决策的、主观的、思想性的东西，具有极强的生物属性，而不是功能属性和智能属性。西方心理学强调“知情意”，也就是认知、情绪、意志，对应的就是我们通常所说的智商、情商和逆商。其中，认知就是常识、知识、智商等，这些已逐步被机器所取代。我们唯一能胜出机器的方面，就是情感和意志。无论是东方哲学，还是西方舶来的认知科学，都告诉我们生而为人要拥有智慧、更要坚守住情怀和意志。

很多人类学家、社会心理学家、管理学家的理论，为我们提供了佐证：马斯洛提出的需求层次理论，把人类的需求分为生理需求、安全需求、爱与归属感、尊重和自我实现五类，只有当人从生理需要的控制下解放出来时，才可能出现更高级、社会化程度更高的需要，安全和生理需要其实就是首先要解决吃饭和睡觉的问题；积极心理学之父马丁·塞利格曼提出，追求积极和幸福是人和社会的终极目标；《乌合之众》的作者古斯塔夫·勒庞告诉我们，当人们不用自己的大脑独立思考、不进化、不超越的时候，就会沦为乌合之众，沦为“吃瓜”群众，注定经不起滚滚社会浪潮的大浪淘沙；知名趋势写手、前美国白宫讲演撰稿员丹尼尔·品克，写了一本书叫做《未来在等待的人才》，他提出了一个很重要的观点，在二十一世纪，我们应该教给下一代六种攸关前途的关键性能力，其中就突出强调了玩乐的意义和价值……

在此基础上，相对现在大部分过分注重学科培养的智能人而言，我们提出了一个生物人的概念。为了更好地理解生物人这个概念，我们为大家总结了一个进化的生物人所必须具备的五种能力：会吃饭、会睡觉、会运动、寻求快乐、绝处逢生。

一、会吃饭

在孩子的成长过程中，饮食发挥着不可替代的作用，成年人的饮食习惯以及饮食喜好基本上都是在童年时期养成的。没有不好的食物，只有不合理的膳食，万事没有吃事大。会吃饭，就是要吃对时间、吃对种类、吃对数量、吃对搭配……据《中国居民膳食指南》给出的饮食建议，人一生大约要吃六十吨左右的食物，而孩子时代占据人生的前十多年，父母更需谨慎才是。

当前食物极度丰富，选择太多，选择的能力就显得至关重要。孩子不会吃饭，好吃的“吃个死”，不好吃的“死不吃”。有的孩子素食至上，有的孩子无肉不欢，有的孩子一顿管饱，有的孩子少食多餐。我们必须认识到，这些习惯都是父母在无意识的情况下帮孩子养成的。

人类社会过去是狩猎采集的社会，一个东西成熟了才会好吃，成熟的植物的果实一般是橙色或者黄色的。所以人类对橙色和黄色的东西有天然的好感。或许是巧合使然，麦当劳和肯德基等快餐、琳琅满目的中餐，橙色和黄色是食物的主色调，这是食物中暗藏的诱惑。人类起源于脂肪、糖分、盐分、油分都特别短缺的年代，食物相对满足才是最近几十年的事情。我们的身体长期处在食物短缺的焦虑当中，所以才会疯狂地爱上快餐和零食，这是我们基因里面的本能信息。可是，一个严酷的事实告诉我们，食物里隐藏了诸多诱惑和陷阱。如果孩子无法抵御这些本能的冲动与诱惑，油炸和膨化食品是最爱、碳酸饮料离不开、大鱼大肉随便来，胡吃海喝很优哉……于是，肥胖和“三高症”等引发的健康问题，直接对于孩子的学业和全面发展形成了很大的桎梏。我们认为的会吃饭，也包括学会怎样规避浪潮般的食品商业陷阱。

我们去餐厅吃饭，过去的菜单上没有图片，为了让人们更多地点餐，商家把文字变成了图片，电子版的更鲜艳、更明确。外卖小哥就是忙，折射出的是食物的选择性过量和人类嬗变的不健康的饮食习惯。在今天这样一个智能的时代，为你的习惯量身定制、为你的欲望和需求单独满足已经“呼之即来”，就像一个喜欢吃肉的胖子，对他推送的食谱里怎么可能是青蔬轻食？因此，我们就需要逃出这些东西的绑架，让孩子真正懂得选择和判断。一个孩子，只吃自己喜欢和“顺口”的食物，且没有节制和习惯，他不但会吃出不健康的身体，而且会导致智力和注意力的下降，更会影响身体的反应属性和正常发育。

作为进化的生物人，第一个就是要会吃饭。试想一下，仅仅在食物这一“怪兽”面前，就有多少孩子败下阵来。吃成肥胖、焦虑、多动的孩子比比皆是，由此引发的自卑、自暴自弃、意志薄弱的例子屡见不鲜……学会吃饭的背后，是学会控制与选择。抗拒纷纭的诱惑，守住饮食的健康，是我们和孩子共同的任务。

二、会睡觉

“日出而作、日落而息”，当然是一种自然和健康的生活方式。当前的孩子们，由于学业压力大兼父母期望值过高，而把时间挤得很满；生活中的声、光、电等电子产品以及网络游戏的诱惑无处不在；当今社会的丰富性、偶然性和焦虑性也在吞噬着我们和孩子宝贵的时间……会睡觉、睡好觉，不是一件容易事！

世界权威学术机构的多项健康研究再次证明早起的好处：早起者通常起床更快，而且头脑更灵活，能够快速投入到注意力要求较高的工作和学习中，也不容易疲劳，精力更旺盛，工作效率更高。悉尼大学的一项心理学研究也发现，早起者为人通常更友善，更少出现“黑暗性格”。“硅谷”的很多投资人，都愿意投资精力旺盛的人，他们认为精力旺盛跟经营管理、大脑都有关系，这种人容易成功。2017 年的诺贝尔医学奖，就是颁给了发现生物体昼夜节律的分子机制的三位科学家。从人类、动物、植物到细菌，几乎所有生物体都有生物钟，它影响着血压、血糖、睡眠、新陈代谢等各种生理过程和行为方式。更重要的是，生物钟控制着 10% 到 43% 的基因表达。他们的研究结果表明，熬夜、晚睡将会使我们的生物钟发生紊乱，导致时钟基因发生突变，从而令我们变丑、变胖、变笨等，甚至会引发一系列更为严重的精神疾病和内分泌代谢疾病。

学会睡觉，就是学会休息，意味着孩子可以分清轻重缓急。面对各种作业和游戏，孩子可以自主安排，面对诱惑可以及时喊停，这是一种对生命的自律。因此，我们要让孩子学会睡觉，重塑大脑、废寝忘食、挑灯夜战绝非教育良策!

睡觉真正的含义是什么？是消除疲劳，放松神经，当你重新投入工作与学习的时候，你觉得自己还是一个精力充沛的新人……我们不仅要学会一夜睡个好觉这种“深度睡眠”，还要学会午后小憩这种“浅度睡眠”。劳逸结合，换换脑筋，或者在兴趣中学习，这都是很好的休息，同样会起到“睡觉”的功效。毛泽东的秘书林克在回忆主席的文章中说过：毛泽东有时看文件看累了，会议开累了，接见外宾累了，就让我和他读英文。一读英文，脑子就钻到单词、句子里去了，其他的不想了，也就得到了休息。《Science》上最近刊登的一个研究结果显示，血液会周期性地大量流出大脑，每当血液大量流出，脑脊液就趁机发动一波攻击。脑脊液进入后会清除毒素，而这样的清洗，只有在睡着后才能做到，这能让人一觉醒来拥有一个清爽的大脑。

三、会运动

我们之前辅导过一个孩子，这个孩子坚持了十几年的跆拳道训练，最后被牛津大学录取了。面试官说，这个孩子通过运动展示了自己的执行力、畏难情绪、以及坚韧的意志力。

谈到运动，许多家长担心孩子受伤，又怕耽误时间、影响学习。但在许多国家，体育锻炼已经成为学校给孩子规定的必修课程。我们也发现一个奇怪的现象：华尔街的金融精英大多都是健身天才。在欧美国家，孩子上的大多数课外辅导班都是跟运动相关的，像游泳、球类等；在中小学阶段，所有明星式的人物，往往不是学霸，而是运动明星。日本从幼儿园开始就对孩子的身体素质非常重视，每年大寒节气时，幼儿园老师就会组织小朋友脱掉衣服，进行半赤裸运动，目的是训练孩子们的身体素质。

有远见的家长让孩子玩运动、会运动，并不代表就希望孩子未来能凭体育特长获得一定的竞技成就，事实是能实现运动员竞技梦想的人不到总人口的 1%。所以，对于剩下的 99% 的人，都不会成为从事相关运动的专业运动员。然而研究却表明，从运动中学得的体育锻炼之外的东西，孩子往往能够受用一生。

运动不仅可以强身健体，还具备重塑大脑的功能。哈佛大学医学院临床医学副教授约翰·瑞迪研究发现，运动有助于孩子学会控制情绪，改善孩子的成绩和考试分数，让他们的认知获得最优的发展。《运动改造大脑》这本书通过上百项科学研究也证实，运动不只能强健身体，还能锻炼大脑，改造心智提高智商，让人更聪明、更快乐、更幸福！运动可以刺激脑干，为生命提供能量、热情和动机，还可以调节脑内神经递质、稳定情绪、增进学习力、改变既定的自我概念。

在运动场上，孩子们可以学习运动精神和团队精神，孩子们在未来的工作中，若想取得成果就要学会团队协作——这是21世纪最重要的技巧之一，而一支运动队就是孩子学习团队协作方法和艺术的最佳场所；通过协作运动，孩子们会更好地体悟领导力和归属感，同时可以通过运动而学会“输”，从而知道自己不是最好的而更加努力，并成长为一个抗压的具备“大心脏”的人；孩子可以从运动中通晓纪律性、收获自尊心，没有纪律性，运动不会胜。孩子从运动中取得的成功，能更好地帮助其形成自信心，继而认识自己的价值，并培养自主性和创造性……

前面我们讲过，心理学强调“知情意”，东方哲学强调“智仁勇”，这些“禀赋”直接的来源就是运动这种实践。让我们释放孩子的天性，让孩子肆意地奔跑、尽情地玩耍、快乐地运动。生命在于会运动，人的一生是运动的一生，更是通过运动不断自我壮大的一生。

四、寻求快乐

你快乐吗？你是一个“好玩儿”的人吗？你或许会说：这重要吗？

一位名人讲过：快乐是国王的新衣，只有聪明的人才看得见。一个人首先要开心，如果连开心都做不到，那什么也谈不上。

快乐与其说是个性使然，不如说是一种素质和能力。快乐需要豁达的心胸、乐观的心态和足够的安全感。也许十年前我们还看不到“好玩儿”的重要性，但在互联网时代以及人工智能高度发展的未来，“好玩儿”愈来愈凸显其价值！“好玩儿”的人富有想象力、创造力、幽默感、心理韧性、人际智慧……他们可以自得其乐，也能与人同乐。

一项调查结果：“中国的孩子比外国孩子少笑 50%。”心理学家在研究中发现，青少年患抑郁症的人数正以 8% 至 10% 的速度递增。追求快乐、逃避痛苦，是人类的第一本能。当孩子不会去寻找快乐的时候，他做事情就是痛苦的、无聊的。他的内心空洞而匮乏，那他怎么能有前进的动力呢？上海社会科学院青少年研究所所长杨雄介绍，中国孩子笑容少，一方面受到传统文化的影响，中国文化讲究含蓄，正襟危坐的长者形象传递到教育就发展成了不苟言笑的严肃；另一方面是对现实的反应，课业的繁重、家长间的攀比、林林总总的学习班等让孩子们在成长过程中备感压力，即便享受着丰富的物质和父母的宠爱，却感觉不到快乐。

有一颗快乐的心，就像怀揣一只包治百病的药囊。快乐是孩子最重要的情绪，是否拥有快乐对孩子身心发展有着极其重要的意义。就身体发育而言，快乐能使人各方面机能达到最佳状况；就心理发展而言，快乐给人以积极向上的力量；就学习而言，快乐的情绪能使大脑处于积极的接收和运转状态，从而发挥出最佳的学习效果。关于积极情绪的力量与意义，在关注情绪和唤醒快乐本能的部分有更详尽的陈述。

五、绝处逢生

除了训练孩子会吃饭、会睡觉、会运动、会寻求快乐之外，我们还要训练孩子的一种能力——绝处逢生。衡量一个人成功的标准，从来都不是看这个人站在顶峰的时候，而是看这个人从顶峰跌落之后的反弹力。这其实也是“智仁勇”中的“勇”。

特斯拉的创始人马斯克，在燃油车风头正劲之时，在全世界都沉醉和依靠于石油的年代，他却宣布要用电动汽车改变局面。汽车巨擘和石油巨头的围追堵截，行业大佬的否定，政客的打压，员工的离职……所有人断定他会是一个失败者，全世界都对他充满了敌意。当处于“一边嚼着玻璃、一边凝视死亡的深渊”的境地时，他依旧说：“我不知道什么叫放弃！”咬定青山不放松，任尔东西南北风！在公司倒闭前最后一天，他拿到了融资，活过来了。硅谷有个有趣的计算，说马斯克活出了七倍于常人的人生，他是世界上唯一一个建立了四家独角兽公司的人。马斯克虽然九死一生，然而这种绝处逢生的能力，终让他迎来了曙光、成为了传奇。

褚时健也曾跌至谷底，从打造红塔集团，到保外就医出来……七十四岁的老爷子携妻开始种橙，让世上多了一种叫“褚橙”的水果。年近八旬的老人褚时健开始“触底反弹”，他种的不是橙子，而是一种企业家在前进中遇到困难并从中“雄起”的精神，是一种绝处逢生的自强和拼搏精神。

美国电影《火星救援》讲述了人类在火星的探险活动，片中男主角因为在执行任务中发生意外，和队友失去了联系，被独自留在了火星。面对补给不足、自然环境恶劣的现实，男主角依靠顽强的意志和丰富的知识，硬是坚持了五百多天，最终等来了救援。该影片虽是一部科幻片，但男主角在逆境中所表现出来的顽强乐观的态度及迸发出的绝处逢生的能力，值得敬佩，特别是片尾那句：“遇见一个问题，解决一个问题，当发现没有问题要解决时，你就能回家了。”让人备受感动，更让人备受鼓舞。

在澳大利亚，有位中国记者遇到过这样一件事情：一天，他看到一位澳大利亚妇女带着孩子在小河边散步，那个淘气的小孩子跳来跳去，突然，“扑通”一声，掉到了小河里。记者毫不迟疑地跑向河边，准备跳到小河里去救孩子。没有想到的是，那位母亲却制止了他。记者奇怪地望着母亲，母亲严肃地说：“一条小河而已，我要他自己爬上来。”记者看着孩子在水中翻腾、翻腾，喝了几口水后，终于爬了上来。这位记者不由得幡然感叹：这是一位多么了不起的母亲，多么理智的爱！

有位哲学家说：“磨难，苦难，挣扎，这是成长的过程。”人的一生会经历许多困难、痛苦和挫折，孩子成长的过程，本来就是一个不断摔倒再爬起来的过程。每一个孩子都可以从挫折和考验中收获一定的知识、经验和勇气，这就是孩子们战胜自己所能得到的最丰厚的战利品。只有练就健康的心理素质，并具备一种绝处逢生的能力，才能够面对现实、勇于挣扎，并跨过生活的沼泽地。教育孩子勇敢地面对风霜雨雪，实际上是孩子成长过程中不可缺少的一种营养。做家长的要让孩子学会拥抱困难，让孩子在历练中成长、在历险中腾飞！让孩子早一些坚强起来、成熟起来，孩子以后的人生才会少一些悲哀和无奈、多一些壮丽和精彩。

六、总结

会吃饭、会睡觉、会运动、会寻求快乐、会绝处逢生，这五大能力不是特别高级的能力，而是一个生物生存的能力。今天的人们似乎忽略了这些本性的技能，而常常一叶障目地全力寻求知识与学科的培养。一切的教育都要基于生物属性，只有遵循本能，让孩子成为纯粹的生物，孩子才可以学会面对困难、面对生活、面对未知的一切，才能更好地“立心”和“修身”。一个不会吃饭、睡觉和运动的人，我们可以称之为不会管理自己的时间和目标、不会协调短期和长期目标、不会分配短期和长期利益的人。这样的孩子可谓四体不勤、五谷不分，在我们的怂恿和放纵下，他们实际上正在蜕化为一个个单纯地具备某项知识结构的机器人，或者沦为一部部机械的智能机器。我们要培养孩子成为一个有情怀、有底蕴的人，也要让孩子成为一个进化的生物人，这才是教育的最高境界。

唤醒快乐的本能

移动互联网时代，人的欲望、情绪更容易追求本源和内心深层的东西。当前的社会，物质非常充裕，生活更加便捷，人们追求快乐的欲望被极大地刺激，我们的教育也需要顺应这一代已经进化的基因而做出科学的改变和应对。

娱乐感是当今特别流行的词汇，人们对此的第一印象或许是消遣，或者是没有底线的炒作。还有言论称，这是一个以不求甚解为荣、以消费娱乐至上的时代。娱乐，就是开心、肆意地玩，就好像有人告诉你前途无量一样。帕特·凯恩在《娱乐伦理》一书中就提到：在二十一世纪，娱乐将成为我们认知、行动和创造价值的主导形式，就像在过去三百年的工业时代所发挥的重要作用一样。丹尼尔·平克在《全新思维》一书中指出：娱乐感，是引领未来的六种能力之一。

快乐，其实就是“知情意”中的“情”，我们以往过度注重孩子知识能力的培养，也就是“知”的范畴的培养，却忽视了孩子的“情绪情感”。在这个诱惑无处不在的时空，如果我们忽视了孩子的情绪感受，他们就有可能进入到虚拟网络中寻找慰藉，就有可能被“娱乐至死”的鸦片所俘获。

一、有一种更高级的快乐是延迟满足

我们要关注孩子的情绪，并促进其主动快乐、以苦为乐、苦中作乐的本能，而不是出现及时行乐、娱乐丧志、乐极生悲的局面。这种更高级的快乐就是延迟满足的快乐。快乐或娱乐的对立面不是工作，而是无谓之忧愁。如果一个人对自己的前途或目标保持坚定，娱乐就是一种让人欢欣和放松的行为。

英国心理学家曾经历时五年调查了三千四百多人，发现了一个有趣的现象：抑郁症可能是人由于过度生理满足而产生的不愉快的倾向。监狱里的犯人也是一样，吃得太多、太好的人，其暴躁易斗、伤害别人的冲动就比吃简餐的囚犯高一些。这说明快乐、幸福与生理的满足之间并不是完全等同的关系，快乐不是简单的满足。年轻的开始富裕起来的中国式父母，习惯于用物质欲望的满足或者以金钱砸下的“抢跑”来帮助孩子，却没有真正去关注孩子精神上的富养。快乐对于孩子来说，实在是简单又纯粹，然而父母的期望、要求、焦虑感等却让孩子感受不到快乐。

美国斯坦福大学教授米歇尔曾进行了一项著名的“延迟满足”实验。实验人员给每个四岁的孩子一颗棉花糖，并告诉孩子可以吃掉它。但是，如果马上吃掉，就只能吃一颗软糖，如果十五分钟后再吃的话，就能吃到两颗软糖。实验人员随即离开，留下了孩子和极具诱惑的棉花糖。实验人员通过单面镜对实验室中的幼儿进行观察发现：有些孩子只等了一会儿就不耐烦了，迫不及待地吃掉了软糖，有的是坚持了十几分钟后吃掉了面前的糖，可谓“前功尽弃”，他们皆为“不等者”；三分之一的孩子却很有耐心，他们想出各种办法拖延时间，比如唱歌、讲故事、闭上眼睛不看糖、头枕双臂自言自语……他们成功地转移了自己的注意力，坚持“熬”过了十五分钟，这样的孩子即为“延迟者”。若干年后，正值这些孩子的青少年时期，研究人员持续对他们的家长及教师进行了调查，结果发现：“不等者”与“延迟者”的学习成绩、性格取向等差异很大。“不等者”更多地显示出孤僻、固执、易受挫、优柔寡断的倾向；“延迟者”则较多地成为了自信、独立、适应性强、具有冒险精神和受人欢迎的少年。学业能力的测试结果也显示：“延迟者”比“不等者”的数学和语文成绩平均高出约二十分。

“延迟者”类型的孩子，在未来的成长中，每当遇到一定的诱惑和考验时，一般可以更好地控制自己。而“不等者”往往禁不住诱惑，很容易去选择满足“瞬间”的需求。只有那些能够抗拒诱惑、严于律己的人，才能顺利地完成人生中更大的目标。学习和生活也是一场“延迟满足实验”，只有自律自控、抗拒诱惑、不图一时之乐，才能收获更大的回报，这种价值感和意义感之下的快乐，才是一种更高级的快乐。

王尔德说过，人生有两大悲剧：一个是梦想的破灭，另一个是梦想的实现。后者之悲，更甚前者。我们往往认为快乐就是得到欲得到的，但其实不然。人生的欢喜，就在于将得未得时，就在于不停攀登和追求的过程。在这个过程中，我们才能感觉到奋斗的意义、体验到坚持的价值，这才是人能够持续快乐的源泉，而一个成功的结果满足的仅仅是当下的喜悦。

二、父母要改变教育观念

追求快乐，逃避痛苦，是人类进化而来的本能。互联网时代推平了人们之间的障碍和壁垒，更大地刺激了我们的欲望，也在解放着我们的天性。作为家长，我们的教育观念要与时俱进地转变。言听计从、循规蹈矩的孩子，大多适应不了这个社会的“乱象”。敢于追求快乐，并为别人制造快乐，本身就是无比的财富。

很多的例子在传达一种信号：会玩的孩子往往更有前途。

玩是人的天性，是一种天然存在的能力，是一种开放、自主、快乐的生活方式。玩也是孩子了解世界、锻炼思维、学习与人交往的过程。但是我们却习惯于把这两件事对立起来看，认为孩子就应该专心学习。很多家长都抱怨孩子“玩物丧志”，把玩看作孩子学习的“宿敌”。

心理学家曾经做过一项有趣的研究：在一个大笼子里，一群小猴子你追我逐，相互嬉戏作乐。心理学家把一部分小猴子放在别的小笼子里，不让它们有玩耍的机会。那些失去自由的小猴子，虽然健康长大，但却变得十分木讷，有些甚至失去求偶及生殖的能力。而那些在玩耍中长大的小猴子，无一例外地成为了猴子中的“佼佼者”。

我们的孩子，也许正在过着失去自由的小猴子式的生活：锦衣玉食，养尊处优，却失去了玩的快乐。机械、枯燥地学习，让孩子从中感受不到快乐，最后换来的是不理想的学习成绩。所以，最好的方法，是把玩融进学习，把学习变成一场“游戏”。2017 年的贵州大数据峰会上，马云说：“现今社会，如果我们继续以前的教学方法对我们的孩子进行记、背、算这些东西，不让孩子去体验、去玩，不让他们去尝试琴棋书画，我可以保证：三十年后，孩子们找不到工作。”我们知道，在未来，大数据、机器人将可以把人类知识领域的事全部做完。人类和机器的竞争，关键在于智慧和体验。知识可以学，但智慧不能学，只能体验。所以，让孩子学会玩要是多么的重要！

在这样一个瞬息万变的时代，知识更新的周期越来越短，只有会持续学习的孩子，才有可能最后胜出。有学生曾经问百度创始人李彦宏，您是如何看待“学霸”和“学渣”的？是不是只有那些学校里的“牛人”和“学霸”才能获得百度的青睐？李彦宏就说，百度选人的标准，一是要看相关专业知识能否胜任这个岗位；二是要看其学习能力。

一个会玩的孩子，善于思考、善于探索、愿意接受新事物，这将是玩带给孩子的巨大价值。所以，我们每一位家长都要改变教育观念，学习培养会玩的孩子，也培养出能够创造快乐的孩子。

三、重视孩子的情绪感受

即便你是对的，也不要去强迫孩子。“湖南杀师案”中，那个杀死了老师的孩子，老师对他可谓是一片苦心，一心一意想为他好，但是那个过程却充斥着控制、痛苦和绑架。这个孩子被问到为何会将手中的弹簧刀扎向老师的时候，他说老师太严厉了，自己既为出校时间被挤占感到憋屈，又为通知家长的做法感到愤怒，以至过于激动，已经完全控制不了自己了。

这种为了孩子好的“论调”，在孩子看来可能就是“入侵”：我不快乐，你都没有感受到。

为什么那么多的孩子会沉迷于游戏？其实多半是因为现实中无法得到的快乐，在游戏中被满足了。玩游戏，可以废寝忘食！玩游戏，轻松就能做到“一万小时理论”！游戏的设计者都是心理学的高手，他们通过进度条和经验值来激发玩家的“进步动机”。游戏中的点数卡牌、声音效果，都“预谋已久”，其目的就是通过及时炫目的反馈，让玩家迅速得到产生快乐的多巴胺。单机没人想玩，只要“组团”“开黑”“有妹子”，玩家们就会蜂拥而至，这就是游戏中的社会性需求。其实，人性中还有一个基本的元素：成就感。为了保持在游戏中的竞争力和影响力，玩家们会不自觉地从“娱乐”心态进入到“事业”心态，并愿意“投放”时间、精力和金钱。其实，学习也是如此，只有感受到快乐，才会愿意投入。

游戏不是让人上瘾、丧失活力的毒品。当游戏的特质用于“正途”，就顺应了人性，并产生出快乐的生产力。也许，这种快乐的生产力能让学习变得像游戏一样诱人和精彩。

四、总结

家长们应树立关注快乐、关注情绪的教育观，激发孩子关注人性、关注快乐与情绪的价值观。快乐在很多时候是超越功能的，烟、酒、毒品等有害甚至于致死；快餐、垃圾食品的肆虐，也会带来严重的危害。但是，这些东西都有快乐的“附加值”。快乐，在某种程度上成为了我们的生存法则。如果我们的孩子能够寻找快乐，能够苦中作乐，也能够为这个世界创造快乐，那么他一定能够在未来的社会大潮中独善其身、各领风骚。

锤炼精良的心理韧性

常看到孩子不堪重压而自杀的新闻，越来越多的孩子容易因为压力、挫折或困难而走上极端。每一次涉及孩子自杀的消息像病毒一样在网络上蔓延，都会无可避免地引发连锁反应。互联网加剧、加速了信息的传播，“吃瓜”群众越来越易“发动”了，只需“添油加醋”，即让网民义愤填膺、蜂拥而上。互联网时代，也是一个碎片化信息泛滥的时代，各种消息轰炸式袭来，让人猝不及防。大多数孩子心智并不成熟，又有追求刺激之心理，他们尤其缺乏理性思考和坚持心智的定力。游戏极大地刺激了孩子的视听系统、情绪和欲望，他们会轻易掉入被绑架和被控制的圈套。前段时间的“蓝鲸游戏”，就是利用心理骗局，引诱孩子走向了现实的死亡。

漫漫人生成长路，这个过程不会一帆风顺。孩子注定要经过“黑障区”，这个“黑障区”可能就是压力、挫折、误解、打击……在这样一个时代，我们无法让孩子永远生活在我们的保护伞下，也无法为孩子铲除其成长过程中的所有障碍。我们亟须培养孩子应对

“风霜雨雪”的能力，让孩子能够从容跨过“黑障区”。艰难困苦，玉汝于成，这种能力就是“心理韧性”。

一、东西方文化中的心理韧性

心理韧性，其实就是我们前面所说的西方心理学“知情意”中的“意”，也是东方哲学“智仁勇”中的“勇”。意志和勇气，决定着人们面对挫折、摆脱困境和超越困难的能力。纽约州水牛城比尔队（橄榄球队）前心理总教练马尔夫·列维说：“当挑战来临时，具有强大心理韧性的人可以愈战愈勇。”我们通常所说的“逆商”与“挫折教育”，与此类似。

无论在哪一种文化中，精良的心理韧性都会让人在逆境中奋起直追，在困境中绝处逢生。“天行健，君子以自强不息”。孟子曰：“天将降大任于斯人也，必先苦其心志，劳其筋骨，饿其体肤，空乏其身，行拂乱其所为，所以动心忍性，曾益其所不能。”西方心理学中也有对“坚毅”的研究，美国宾夕法尼亚大学心理学教授安杰拉·达克沃思提出，一个人若想取得杰出成就，拥有“坚毅(grit)”的品质比天赋更重要。他对美国西点军校、精英大学等进行研究发现：无论在何种情况下，比起智力、学习成绩或者长相，坚毅总是能更好地预测一个人能否成功。因为坚毅能保证孩子对长期目标持续的激情和耐力，并在这一过程中不断地自我激励、自我约束和自我调整。

二、解构心理韧性品质

1. 心理韧性，是一种永不言弃的信念

2010 年，牛津大学对 81 名东德时期被关押的政治犯的近况进行了研究。在关押期间，他们无一例外地遭受到身体和心灵的蹂躏，包括殴打、威胁、关黑屋等。在被释放的数十年后，三分之二的人或多或少地罹患“创伤后应激障碍（PTSD）”，但有三分之一的人完全没有。面对人生重挫，为什么有的人得以平稳度过，有的人却扛不住？调查发现，相较于遭受打击的大小，他们内心中不服输、战斗到底的信念的强弱起到了决定性的作用。

当我们遇到压力的时候，大脑会扣动机制，进而释放肾上腺素、皮质醇等压力激素。此时，人都会面临两种应对策略：一是留下来战斗，二是“三十六计走为上策”。只有具有发自内心的强烈的信念，能够直面苦难、永不放弃、坚持到底，才会更好地度过困厄！特蕾莎修女就是这样的人，她安居在贫穷的社区里，每天去街上捡回一个又一个的病童，然后把可怜的孩子一一治好。她忠诚于这样一个信念，并用最纯粹的方式日复一日地去实现它。

数十年来，特蕾莎修女“痴心不改”。写在加尔各答儿童之家墙上的诗歌中的一句句话语，直观地反应了她的这种心理韧性！

人们不讲道理，思想谬误，自我中心，

不管怎样，总是要爱的；

如果你做善事，人们说你自私自利，别有用心，
不管怎样，总是要做善事；
如果你成功之后，身边尽是假的朋友和真的敌人，
不管怎样，总是要成功；
你所做的善事，明天就会被遗忘，
不管怎样，总是要做善事；
诚实与坦率使你易受攻击，
不管怎样，总是要诚实与坦率；
你耗费数年建设的，可能毁于一旦，
不管怎样，总是要建设；
人们确实需要帮助，
然而如果你帮助他们反而要遭到攻击，
不管怎样，总是要帮助；
将你所有的最好的东西献给世界，
你可能会被踢掉牙齿，
不管怎样，总是要把你拥有的最好的东西献给世界。

2. 心理韧性，是一种非病态的偏执

古往今来，那些伟大的成功者往往都是偏执者。微软比尔·盖茨之所以成功，是因为对电脑软件的偏执；百度李彦宏的成功，是因为对中文搜索的偏执；特斯拉的马斯克之成功，是因为对电动汽车的偏执。

什么是偏执？偏执是对某种事物的无比狂热。正因为狂热和专注，才会耐得住质疑和否定，才会顶得住挫败和打击。一个人具备了心理韧性，就会变成极端的“偏执主义者”。英特尔传奇CEO有一本书，叫做《只有偏执狂才能生存》。美国通用公司总裁杰克·韦尔奇说过：只有偏执狂才能成功。他曾说：“我在所不惜冒偏执之名而整天疑虑的事情有很多。我担心产品会出岔，也担心在时机未成熟的时候就介绍产品。我怕工厂运转不灵，也怕工厂数目太多。我担心用人的正确与否，也担心员工的士气低落。当然，我还担心竞争对手。我担心有人正在算计如何比我们做得多快好省，从而把我们的客户抢走。”偏执而不进入到病态，就会创造出巨大的价值。

从“生存”到“成功”，偏执从来都是世界伟人的选择。遵循这个规律，世界上万物“适者生存”的原则不言而喻。社会复杂、商业维艰，每天都有很多人在生存竞争的边缘挣扎，偏执的人总会为自己想方设法多寻求一条捷径，而心理韧性却是一种非病态的偏执。

3. 心理韧性，是一种对生命意义的探索

心理学家弗兰克尔说：无论在任何情况下，人都还有最后一种自由，那就是：选择态度的自由。弗兰克尔二战期间被关进纳粹死亡营，每天都忍受着饥饿、寒冷、劳累、睡眠不足和尊严被践踏的痛苦。他的父母、妻子与兄弟都死于纳粹魔掌，妹妹是他活下来的唯一的亲人。他本人则受到严刑拷打，朝不保夕。他为什么要活

着呢？

也许是对于痛苦意义的思考拯救了弗兰克尔。一天，他赤身独处于囚室，幡然顿悟：在客观环境上，自己虽然没有自由、完全受制于人，但是自己还有选择如何反应的自由与能力。弗兰克尔在脑海中设想各式各样的状况，譬如说获得释放后的他站在讲台上，怎样把这一段炼狱的体悟传授给学生……凭着想象与记忆，他不断淬炼自己的意志，直到心灵的自由终于超越了纳粹的禁锢。同时，他协助狱友在绝望中寻回自尊并找到生存的意义。最终，弗兰克尔走出了存活率只有二十分之一的集中营。

生命中不是仅仅拥有快乐幸福才会充满意义，痛苦更是生命不可切割的一部分。濒临绝望时，我们应该认清一个事实：真正重要的不是我们对人生有何指望，而是人生对我们有何指望。我们要不断地去寻找生命的意义，让自己经历的苦难都变得更有意义。那些没有压倒我们的，最终都会让我们变得更加强大。而心理韧性，就是这样一种对生命意义的探索，它可以拯救无比痛苦中的人们的内在世界。

三、锤炼心理韧性

1. 把压力和挫折看成一场游戏

我们在前面的内容中讲到过，当你认为压力是一种创伤的时候，它就一定会对你的身体造成危害；你认为它是挑战，就不会危及你的健康。现代医学更是为此提供了科学的论证。当我们把压力源看作是挑战而不是威胁的时候，人体内会分泌肾上腺素，让我们精力充沛，更加专注地解决问题；反之，我们把压力看作是威胁，认为压力会摧毁我们，我们体内的皮质醇水平会提高，以致抑制免疫系统，让我们更容易遭到疾病的侵袭。

对于孩子来说也是如此，我们要引导孩子相信压力和挫折本身是无害的，把它们看成是一场挑战和游戏，那我们就不会对此感到烦躁，更不会在遇到困难时崩溃。

2. 把遭受不公正、挫败、煎熬的机会还给孩子

没有经历过挫折——这件事本身，正在成为今天的许多孩子人生中最大的挫折。今天的父母，总是希望孩子拥有朝露一般蓬勃的生气与自信，那种不管在什么时候都高高昂起脸庞的骄傲。但是，如果没有经历过失败，没有经受过等待，没有遭受过拒绝，就单凭着被呵护与空洞的鼓励，这份“骄傲”又能够维持多久呢？

自古的毕业典礼上都是一些祝福的话，但是2017年美国最高法院的首席大法官约翰·罗伯茨，在儿子毕业典礼上的演讲中别出心裁地讲到：“祝你倒霉。”我们来看一下他的原话吧！

“我希望，在未来的某些时刻，你们会领受到不公平待遇，从而能知道正义的价值；我希望你会遭到背叛，从而了解忠诚的重要。

对不起，我还希望你们会不时感受孤单，从而不会把朋友当做理所当然；我希望你们偶尔遭受不幸，从而领略

生命中的偶然，知道你的成功不是天经地义，而别人的失败也不是活该倒霉。

当你尝到失落的味道，我希望有时候你的对手会幸灾乐祸，这样你会了解体育精神为什么难能可贵。我希望你会被忽略和无视，你才会知道倾听；我希望你感受到足够的痛苦，从而拥有同情。

其实，不管我许愿与否，这些事情早晚你们都会经历。而你们是否能从中受益，就要取决于你们是否有能力在不如意中，看到意义。”

这份“倒霉”的背后，其实就是挫折中所蕴藏的历练与成长，而这些只有孩子经过亲身的经历和体验并找到其中的意义时，孩子才会变得独立、勇敢、坚定和强大。

3. 给予孩子爱与温暖

父母要做的不是过度保护孩子，替代他们去承受和体验一切的痛苦挫折。但这绝不代表要让孩子始终生活在痛苦和挫折之中。电影《芳华》中，有一段话，是医生解释何小萍的精神如何崩溃的。他说这就好像冬储的大白菜，在室外放着没事儿，一拿进温暖的室内，很快就烂了。这大概是另外一种缺乏心理韧性的表现：无法承受爱与温暖，无法承受成功。心理韧性的根基依旧是安全感，人生的那抹温暖的底色，是不会熄灭的火焰，它来自于父母的无条件的爱与温暖。

四、总结

生活中并不总是洋溢着幸福的因子，我们总会在人生中经受一些打击。一位教授曾在北大毕业典礼上说，历史经验惨痛地告诉我们，有人成功的代价是丧失良知，有人成功的代价是损害他人。不论是在电影中，还是在现实生活中，不少人因为挫败而丧失了做人的底线，走上了“腹黑”、犯罪、毁灭之路。成功固然重要，然而良知与坚守更重要。

我们希望孩子成功，但我们更希望孩子人格健全、幸福一生，希望当孩子面对打击时能够迅速复原。心理韧性，是人生的“底盘”，是一个人完整人格的体现。丢失了这个“底盘”，遇到艰难坎坷，人生地基之上建起的光辉的高楼大厦，就有可能一夜之间坍塌。心理韧性，决定了人生的高度。一个拥有心理韧性的孩子，不仅可以从压力性情境导致的负面情绪中恢复过来，实现 V 型逆转，还能在持续的压力中保持心理健康，从而激发所有的潜能，有效地突破前期的人生高度，不断超越，勇创巅峰。

读后感

非硬核，不生存

孙大强　博士

姚晨、倪大红主演的电视剧《都挺好》备受青睐。为什么？因为现在的中国成年人乃至青少年高度关注一个在几年前还是比较生疏的、主要流传于专业领域的概念——原生家庭。原生家庭不会，也不应该为我们每个人当下所发生的一切的“背锅”。毕竟，原生家庭作为一手牌，同样的牌，每个人打法殊异，最后结局也是天差地别。但是，原生家庭作为“蓬生麻中，不扶自直”的人生根基与底色，其影响虽然不是决定性的，但也是非常巨大，这是毫无疑问的。为了子女不至于“老大徒伤悲”，也为了为人父母者不至于“我本将心向明月，奈何明月照沟渠”，我们必须深入学习家庭教育，而学习的主力军，责无旁贷是家长、是父母，而不是那些可能要对你言听计从的孩子。

既然要学习，总得有个学习的材料，有个学习的模板。你可以向邻居学习，可以向朋友学习，不过，那些终归是非常有限的个人经验，我们需要博采众家之长，为己所用。读书是个好方法，而您现在手上这一本，您不要期待这是一本名著，它也不是万金油，但它确实是一部诚意良心之作。

本书整体框架鲜明且有大格局。中国古训儒家传统特别强调“智仁勇”，所谓“智者不惑，仁者不忧，勇者不惧”，并最终落实在“行”上。“智”字当先，非常关键。没有智慧，“仁”可能成为有毒的鸡汤，而“勇”则有勇无谋，如没头苍蝇一样，在教育中，就会把孩子当成一时兴起的试验田。当然，“仁”和“勇”也不可或缺，否则为人父母，就只能徜徉在所谓智慧的天空，而永远不想落地实践。这本书，向你展现的，就是教育子女的智慧。而这些智慧的凝练，少不了那些孩子的父母的“仁”，也就是心理咨询里所说的“无条件的积极关注”（罗杰斯语），做一个“足够好的母亲”（温尼克特语）；同样，也少不了“勇”，因为没有任何事情是百分之百的，无论成功或失败，我们终究要走出第一步，以及随后的一步步。为人父母，哪一个不是真正的勇士，有着“虽千万人吾往矣”（孟子语）的勇气呢？自己的孩子到底会平凡还是出人头地呢？我们在无怨无悔地付出，并等待倾听花开的声音。当然，除了“智仁勇”，本书特别提到“行”。王阳明也强调，知行合一。没有行动力，只是心怀仁慈（仁），勇敢（勇）地去想象（智），那孩子将来会长成什么样，可能就有些随机了。不过我想，读者在读这本书的时候，可能最主要还是要把精力放在提升教养的“智”上，或者是“知”上。为何？王阳明在《传习录》里提到：为何我知道这个道理，但是还是没行动没做到呢？王阳明回答说：“未有知而不行者。知而不行，只是未知。”什么意思？诸君不要太急于当个行动派，不能有勇而无谋，需要充实自己的“知”，当“知”到一定程度，行动力自然会爆满。

本书提供的很多故事案例，看的时候其实很有观摩现场对话的感觉，很生动，跃然纸上。所以，也提供个参考建议：各位家长，如果您的孩子已经达到了一定的识字程度，可以考虑亲子共读，就把书中案例当作家庭戏剧的脚本，去活生生演绎出来，然后在茶余饭后，予以探讨，多听听孩子的想法，必然有助于亲子之间加深了解，并显著增加教养的有效性。

另外，本书别出心裁地结合了中国文化与家庭的实际，提出了多种父亲与母亲的类型，并详细阐述了父亲对男孩女孩、母亲对男孩女孩的成长的影响，很接地气，便于操作，正是我们所需要的人间烟火。

当然，本书也提供了诸多教养过程中会遇到的有共性的又棘手的话题，并用鲜活的案例予以解读，现场感十足。其实，这也是硬核父母特别需要学习的。首先要有开放的意识，要“open”。切忌总以为自己的问题是独一无二的，自己家的情况和别人家完全不一样，自己已经尽了全部努力，不可能，你那一点点差别，还不足以标识出你在这个世界上的独特存在；永远不要忘记，人之为人，我们的共性多于我们的特性；另外，在这个世界上，没有绝对完美的个人，包括父母、子女、家庭，但是可以有完美的团队。家长有开放的意识，你才能真的放下“小我”，去认真接触、体验乃至效仿、学习另一种活法，另一种为人父母的做法，另一种家庭互动的模式，从而小家其乐融融、大家和谐幸福。退一步，即便你无法直接借鉴本书的案例，如果你能试着去感同身受，你也会逐渐明白，世间活法不止一种，让孩子快乐健康成长的法门也不止一扇。恒远衷诚地希望普天下的家长务必学会学习，学会成长，学会做一名拥有教养智慧的硬核父母。